PONS

NACH DER REVOLUTIONÄREN METHODE VON

John Peter Sloan

INSTANT SPANISCH

Herausgegeben von Laura Patron,
Sonia Salas und Federica Sassaroli
Wissenschaftliche Beratung durch Dilia Di Vincenzo

PONS GmbH
Stuttgart

PONS

Instant
SPANISCH

Übersetzung aus dem Italienischen von Beate Stern

Graphic design & Illustrationen: Sara Pedroni
Besonderer Dank an Ximena Rodríguez Bradford

1. Auflage 2016

Originaltitel: ESPAÑOL DA ZERO

www.pons.de
E-Mail: info@pons.de

Redaktionelle Mitarbeit: Iván Reymóndez-Fernández
Illustrationen: Sara Pedroni
Titelfotos: John Peter Sloan: Studio-Fotografico Mafalda; Illu/Zeichnung: Agentur maschmannfautzhuff, Hamburg; Sagrada Familia: Thinkstock/venakr; Palme: Thinkstock/Denyshutter; Columbus Monument: Thinkstock/MatteoCozzi
Einbandgestaltung: Anne Helbich
Design und Layout: Sara Pedroni
Satz: Digraf.pl - dtp services
Druck und Bindung: Medienhaus Plump, Rheinbreitbach

ISBN: 978-3-12-562848-9

INSTANT SPANISCH

Ich habe in den letzten Jahren eine ganze Reihe von Englisch-Lehrbüchern verfasst. Mein Ziel war dabei stets, Barrieren in den Köpfen der Lernenden abzubauen, damit sie sich ohne Hemmungen an die neue Sprache heranwagen. Auf meine Bücher habe ich ein unglaubliches Feedback erhalten. Viele Lerner und Lernerinnen haben dank meiner einfachen und effektiven Methode Englisch gelernt. Einer der Briefe, die ich erhalten habe, hat mich besonders berührt: Er stammt von einer Lehrerin aus Cádiz, die meine Methode auf ihren Spanischunterricht übertragen und damit unglaubliche Ergebnisse erzielt hat. Mit ihrem Schreiben bestätigt sie, wovon ich schon immer überzeugt war: Dank ihrer logischen, einfachen und unterhaltsamen Vorgehensweise lässt sich die Methode Sloan auf jede beliebige Sprache anwenden.
Instant Spanisch bestätigt dies. Ich bin sehr stolz darauf, an diesem neuen und spannenden Abenteuer teilhaben zu können... Bald wirst auch du verstehen, warum.

John Peter Sloan

*400 Millionen Menschen,
die darauf warten, mit dir reden zu können,
widmen dir dieses Buch.*

INHALTSVERZEICHNIS

¡BIENVENIDO!

Bienvenido heißt willkommen. Vielleicht denkst du jetzt: "Klar, das weiß ich, ich bin doch nicht blöd". Das ist sicher richtig, aber, wenn es um eine neue Sprache geht, ist es besser, nichts für selbstverständlich hinzunehmen. Mit **Instant Spanisch** lernst du so schnell, dass du im Handumdrehen in der Lage sein wirst, in der am zweithäufigst gesprochenen Sprache der Welt - die außerdem eine der schönsten Sprachen überhaupt ist - zu kommunizieren. Und das behaupten nicht nur wir Muttersprachler, die wir parteiisch sind - selbst John hat es zugegeben (okay, es war an einem Samstagabend und schon nach 11, aber er hat es wirklich gesagt).

DIE METHODE SLOAN

Die Sloan Methode markiert einen Wendepunkt im Sprachunterricht. Dank Johns Methode haben Millionen Menschen in ganz Europa Englisch so schnell und auf eine so unterhaltsame Weise gelernt, wie niemals zuvor. In diesem Buch wird Johns Methode zum ersten Mal aufs Spanische übertragen. Du wirst sehen: Wenn du erst begonnen hast, wirst du nicht mehr zu stoppen sein. Bevor du loslegst, möchten wir dir aber noch erklären, wie das Buch aufgebaut ist.

Ab und zu werden dir **verdaderos amigos** (echte Freunde) begegnen. Das sind Wörter oder Ausdrücke, die im Deutschen und im Spanischen genau gleich verwendet werden und dieselbe Bedeutung haben.

Ojo bedeutet "Achtung" und weist auf wichtige Punkte hin, die du beachten solltest. Es ist wie eine gelbe Ampel, an der du besser anhältst.

Hier und da wirst du auch auf sogenannte **zweieiige Zwillinge** treffen. Das sind Ausdrücke, für die es im Deutschen nur ein Wort gibt, im Spanischen jedoch zwei verschiedene. Bei diesen Ausdrücken musst du lernen, je nach Kontext den richtigen zu verwenden. Erkennen kannst du die zweieiigen Zwillinge am nebenstehenden Symbol.

Und schließlich wirst du viele **expresiones comunes** entdecken - Wörter oder Ausdrücke, die im Spanischen häufig vorkommen:

Am Ende des Buches wirst du in der Lage sein, dich vorzustellen, auf der Straße ein Gespräch mit einem Unbekannten zu führen und in verschiedenen Situationen Fragen zu stellen sowie auf diese zu antworten. Du wirst über deine Hobbys und Interessen reden können, von Erlebnissen und Zukunftsplänen berichten, aber auch Gespräche über die Arbeit führen und dich problemlos in allen spanischsprachigen Ländern verständigen können .
Und jetzt, lieber Leser, kannst du loslegen. **¿A qué esperas? ¡Vamos!** (Nicht **a la playa** aber du wirst sehen: Wir werden uns trotzdem amüsieren.)

PASO

UNO

PRONUNCIACIÓN

AUSSPRACHE

Die Laute im Spanischen
Das spanische Alphabet

1

PASO UNO

PRONUNCIACIÓN

LOS SONIDOS DEL ESPAÑOL
DIE LAUTE IM SPANISCHEN

Deutsch und Spanisch sind zwar zwei ganz unterschiedliche Sprachen, aber vielleicht hast du ja schon eine zu Spanisch verwandte Sprache wie Italienisch oder Französisch gelernt – diese sind eng verwandt mit dem Spanischen.

Danke für die Klarstellung, John. Wie dem auch sei – egal ob du bereits eine romanische Sprache kennst oder nicht, die spanische Aussprache ist sehr leicht zu erlernen. Im Spanischen gibt es nur fünf Vokale, und jeder hat seinen charakteristischen Klang. Vielleicht wirst du dir mit der Aussprache einiger Konsonanten schwerer tun – aber keine Sorge: Wenn du die Erklärungen gelesen hast, gelingt dir das ganz leicht.

Es ist nicht wichtig, dass du mit einwandfreiem Akzent sprichst. Wir verraten dir jetzt etwas: In ganz Spanien und Lateinamerika gibt es so viele verschiedene Akzente, dass es quasi unmöglich ist, sie zu zählen. Es ist schön, Menschen mit ihrem charakteristischen Akzent sprechen zu hören und zu erraten, woher sie kommen. Dein Akzent ist also lediglich einer mehr. Allerdings ist es wichtig, dass dir keine gravierenden Ausssprachefehler unterlaufen: Du riskierst sonst, dass man dich nicht versteht oder, schlimmer noch, dass du ein Wort sagst und eigentlich ein anderes meinst. So entstehen Missverständnisse oder peinliche Situationen.

Die Tatsache, dass du bei null beginnst, ist ein großes Glück für dich, weil du so die richtige Aussprache lernen kannst und bist durch Vorkenntnisse nicht belastet. Anstelle der traditionellen Lautschrift, die in Wörterbüchern verwendet wird (und die ziemlich kompliziert und schwer zu merken ist), verwenden wir bei der Methode Sloan einfache und eingängige Bilder, die du dir leicht merken kannst.

• DAS TH (C und Z)

Hast du im Ohr wie es klingt, wenn du versuchst, *"thanks"* mit einwandfreiem englischem Akzent auszusprechen? Wenn auf ein C die Vokale E oder I (**ce**, **ci**) folgen, dann sprichst du das C genau so wie TH in "thanks" aus, indem du die Zunge zwischen die Zähne legst. Folgen die Vokale A, O oder U, sprichst du es hingegen wie ein deutsches K aus: **ca**, **co**, **cu**.

COTHINERO → COCINERO = Koch

DULTHE → DULCE = süß

THETHILIA → CECILIA = weiblicher Vorname

El cocinero está enamorado de la dulce Cecilia.
Der Koch ist in die süße Cecilia verliebt.

Nachdem du jetzt weißt, wie die Laute **ce** und **ci** ausgesprochen werden, musst du dir nur noch vergegenwärtigen, dass der Buchstabe Z vor allen Vokalen genau so ausgesprochen wird.
Da dieser Kurs für Anfänger gedacht ist, haben wir uns - um es dir etwas leichter zu machen - auf die gängigste Aussprachevariante in Spanien konzentriert und alle anderen vernachlässigt.

THORRO → ZORRO = Zorro

THUMO → ZUMO = Saft

THARAGOTHA → ZARAGOZA = Saragossa

El Zorro bebe un zumo en Zaragoza.
Zorro trinkt einen Saft in Saragossa.

Das stimmt tatsächlich: Zorro trinkt nur noch Karottensaft, weil er langsam alt wird und schlecht sieht. Sein letzter Versuch, mit dem Schwert ein Z in die Luft zu schreiben, endete damit, dass drei Personen (einschließlich Zorro selbst) in der Notaufnahme landeten.

• DIE SCHLANGE S

Im Deutschen gibt es zwei verschiedene S-Laute: Das stimmhafte S in "Rose", (das an das Summen einer Fliege erinnert), und das stimmlose S in "Bus", (das dem Zischen einer Schlange ähnelt). Im Spanischen spricht man das S in den meisten Fällen mit dem Zischlaut der Schlange.

SERPIENTE → SERPIENTE = Schlange

REPOSA → REPOSA = er/sie/es ruht aus

SOBRE → SOBRE = auf

ROSA → ROSA = Rose

ROSA → ROSA = rosa

La serpiente reposa sobre una rosa rosa.
Die Schlange ruht auf einer rosa Rose aus.

• DIE FLIEGE S

Vor einigen Konsonanten (**b, d, g, l, ll, m, n, ñ, r** und **y**) klingt das S wie das Summen einer Fliege.

ASNO → ASNO = Esel

DESGANADOS → DESGANADOS = lustlos (männl. Plural)

Un gato y un asno desganados.
Eine lustlose Katze und ein lustloser Esel.

• DIE ESPRESSOKANNE (J und G)

Und schon sind wir beim J (**jota**). Dieser Laut klingt ganz ähnlich wie das Geräusch einer Espressokanne, wenn der Kaffee nach oben steigt. Es ist ein gutturaler Laut – er kommt also aus der Kehle. Man spricht ihn vor allen fünf Vokalen gleich aus: **ja**, **je**, **ji**, **jo**, **ju**. Er kommt vor in Wörtern wie:

AMÓN → JAMÓN = Schinken

ME OR → MEJOR = beste,r,s

MAN AR → MANJAR = Delikatesse

El jamón serrano es el mejor manjar.
Serranoschinken ist die beste Delikatesse.

Auch das G wird – wenn die Vokale E oder I folgen – so ausgesprochen, wie du es gerade gelernt hast (**je, ji = ge, gi**). Die Wörter **geranio** (Geranie) und **jabalí** (Wildschwein) spricht man also trotz ihrer unterschiedlichen Schreibweise mit dem gleichen Anfangslaut aus.

ERÓNIMO → JERÓNIMO = männlicher Vorname

IRA → GIRA = er/sie/es dreht sich

ÁN EL → ÁNGEL = Engel

Jerónimo se gira y encuentra a un ángel.
Jerónimo dreht sich und begegnet einem Engel.

Folgen A, O oder U, spricht man das G genau wie im Deutschen aus: **ga**, **go**, **gu**.

GATO → GATO = Katze

GUSTA → GUSTA = er/sie/es mag

GANSO → GANSO = Gans

Al gato le gusta el ganso.
Die Katze mag die Gans.

• **CHE GUEVARA** (GUE, GUI) 

Bis hierher alles klar? Gut, dann konzentriere dich jetzt bitte: Wir kommen zu einem der Laute, die oftmals für Verwirrung sorgen. Nicht weil die Aussprache so schwierig ist, sondern weil du dein Gedächtnis ein wenig bemühen musst: Wenn du dich daran erinnerst, wie man den Laut liest, dann ist die Arbeit quasi schon getan. Merk dir einfach diese Gleichung:
gue, **gui** (Spanisch) = ge, gi (Deutsch).
In der Praxis vernachlässigst du einfach das U und sprichst den Laut genauso aus wie im Namen “Guevara”.

 ITARRA → GUITARRA = Gitarre

 ERRERO → GUERRERO = Krieger

El guerrero toca la guitarra.
Der Krieger spielt Gitarre.

Taucht in einem spanischen Wort hingegen der Umlaut Ü vor einem I oder einem E auf, dann wird dieses Ü wie ein U ausgesprochen: **güe**, **güi** = gue, gui.

Die Regel gilt nur für diese beiden Vokale: Vor A und O gibt es keinen Umlaut - man liest in dem Fall alle Buchstaben, die dastehen.

PINGÜINO = Pinguin
CIGÜEÑA = Storch
AGUA = Wasser
ANTIGUO = antik, alt

Ganz einfach, oder? Mit dem folgenden Satz kannst du jetzt üben. Wenn du unsicher bist, gehe ein paar Zeilen nach oben und lies die Erklärung nochmals nach.

La cigüeña y el pingüino hacen la guerra en el agua.
Der Storch und der Pinguin bekriegen sich im Wasser.

• DER FAKTOR K (QUE, QUI)

Erinnerst du dich an die Laute **gue**, **gui**, über die wir gerade gesprochen haben? Du musst jetzt nichts weiter tun, als uns beim letzten Schritt der folgenden Gleichung zu begleiten (die zwar nicht sehr wissenschaftlich, aber dafür goldrichtig ist).
Wenn **gue**, **gui** ausgesprochen werden wie = **ge**, **gi** ⟶ dann **que**, **qui** = ke, **ki**.
Der Laut wird genau wie ein K ausgesprochen. Wir nennen ihn deshalb unseren Faktor K.

KIEN ⟶ QUIEN = wer

KIERE ⟶ QUIERE = er/sie/es mag

KESO ⟶ QUESO = Käse

¿Quién quiere queso?
Wer mag Käse?

Achtung: Die Aussprache, die du gerade gelernt hast, gilt nur für Wörter, die mit Q beginnen. Ist der Anfangsbuchstabe ein C, dann spricht man auch dieses zwar aus wie ein K, aber das nachfolgende U wird ebenfalls ausgesprochen:

CUANDO = wann **¡CUIDADO!** = Achtung!
CUERPO = Körper **CUOTA** = Quote

Bist du bereit, mit diesen beiden Sätzen zu üben?

Te quiero, ¿lo recuerdas?
Ich liebe dich, erinnerst du dich?
Quizás, quizás, quizás...
Vielleicht, vielleicht, vielleicht...

• B UND V VB

Im Deutschen ist selbst ein Betrunkener noch in der Lage, B und V unterschiedlich auszusprechen. Im Spanischen hingegen werden diese beiden Buchstaben genau gleich ausgesprochen. Meistens klingt der Laut wie ein weiches B, das man ausspricht, ohne die Lippen komplett zuzumachen:

AVBUELO → ABUELO = Großvater

ÁRVBOL → ÁRBOL = Baum

AVBIÓN → AVIÓN = Flugzeug

Am Satzanfang oder nach einer Sprechpause oder nach **m** und **n** wiederum ist der Laut eher ein hartes B, ähnlich wie das deutsche B.

BUENO = gut
CAMBIO = Veränderung
VIDRIO = Glas
ENVIDIA = Neid

Jetzt darfst du anhand eines in Spanien weit verbreiteten Zungenbrechers die Aussprache üben.

PAVBLITO → PABLITO = Verkleinerungsform von **Pablo** (Paulchen)

CLAVBÓ → CLAVÓ = Vergangenheitsform von **clavar** (annageln)

CLAVBITO → CLAVITO = Verkleinerungsform von **clavo** (Nagel)

Pablito clavó un clavito, ¿qué clavito clavó Pablito?
Paulchen hat einen Nagel eingeschlagen, welchen Nagel hat Paulchen eingeschlagen?

•DER MOTOR (R/RR) 

Die meisten Menschen haben Schwierigkeiten mit der Aussprache des rollenden R. Im Spanischen ist dieses am Anfang eines Wortes besonders ausgeprägt – ein doppeltes rollendes R quasi – ähnlich wie das Dröhnen eines Motors:

→ RATÓN = Maus

→ CORRE = er/sie/es rennt

→ RUEDA = Rad

El ratón corre en la rueda.
Die Maus rennt im Rad.

Achtung: Das besonders starke rollende R gibt es nur am Wortanfang oder bei einem doppelten R. Steht ein einziges R in der Mitte eines Wortes, ist es ein ganz normales rollendes R.

→ PERO = aber, jedoch

→ PERRO = Hund

¡Pero este no es mi perro!
Aber das ist nicht mein Hund!

•DAS GEISTER-H 

Es ist immer stumm, wird also niemals ausgesprochen: weder am Anfang noch in der Mitte eines Wortes. Tatsächlich tust du einfach so, als ob es nicht da wäre:

→ HOLA = hallo

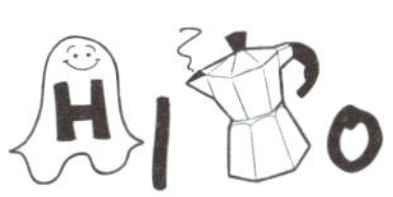
→ HIJO = Sohn

→ HACES = du machst

→ AHÍ = da, dort

Hola hijo, ¿qué haces ahí?
Hallo Sohn, was machst du da?

• X FAKTOR

Das X wird genau wie das deutsche X in "maxi" oder "Taxi" ausgesprochen.

→ ÉXITO = Erfolg

→ EXIGE = er/sie/es erfordert

→ TAXI = Taxi

→ MAXI = Maxi

El éxito exige un taxi maxi.
Der Erfolg erfordert ein Maxi-Taxi.

Achtung: Am Wortanfang und am Ende einer Silbe – wenn auf diese ein Konsonant folgt – wird das X wie ein Schlangen-S ausgesprochen.

SILÓFONO → XILÓFONO = Xylofon

ESPOSITHIÓN → EXPOSICIÓN = Ausstellung

• **DER NIESENDE MANN** (CH) 

Dieses Buchstabenpaar hat nichts mit einem Schweizer Nummernschild zu tun. Es steht für einen ganz bestimmten Laut und zwar für den, den du beim Niesen von dir gibst. Egal vor welchem Vokal er steht, ausgesprochen wird er immer wie in "hatschi".

→ CHICO = Junge

→ CHOCOLATE = Schokolade

→ CHURROS* = Churros

El chico come chocolate con churros.
Der Junge isst Schokolade mit *Churros*.

***Churros**: Ein typisches spanisches frittiertes Gebäck.

• **DER FAKTOR J** (LL)

Die Aussprache dieses Lauts ist ähnlich dem deutschen J. Wir nennen ihn deshalb Faktor J.

THEBOJA → CEBOLLA = Zwiebel

JORAR → LLORAR = weinen

La cebolla me hace llorar.
Die Zwiebel bringt mich zum Weinen.

• **YPSILON** Y

Steht das Y am Wortende, wird es wie ein ganz gewöhnliches I ausgesprochen.

HOI → HOY = heute

MEVBOI → ME VOY = ich gehe

MORROCOI → MORROCOY = Morrocoy

Hoy me voy a Morrocoy.
Heute gehe ich nach Morrocoy.

PLAYA → PLAYA = Strand

PAYASO → PAYASO = Clown

YOGUR → YOGUR = Yogurt

El payaso come yogur en la playa.
Der Clown isst Yogurt am Strand.

In diesen und in vielen anderen Fällen gehört das Y leider zu den Buchstaben, deren Aussprache eher kompliziert ist. Im spanischsprachigen Raum wird es - je nach Region unterschiedlich ausgesprochen. Wir empfehlen dir, es ähnlich wie das LL auszusprechen.

- **DAS Ñ**

Das Ñ ist ein typisch spanischer Buchstabe, der eigentlich ganz leicht auszusprechen ist. Er entspricht der Buchstabenkombination NJ, wie etwa in Löwe**nj**agd.

ARAÑA → ARAÑA = Spinne

SUEÑA → SUEÑA = er/sie/es träumt

ESPAÑA → ESPAÑA = Spanien

La araña sueña con ir a España.
Die Spinne träumt davon, nach Spanien zu gehen.

• **GETRENNTER HAUSHALT** (CC) CTH

Diese beiden Buchstaben werden getrennt ausgesprochen: Das erste C wie ein K, das zweite wie das TH.

ACTHIÓN → ACCIÓN = Aktion

INYECTHIÓN → INYECCIÓN = Injektion

REACTHIÓN → REACCIÓN = Reaktion

Acción, inyección, reacción.
Aktion, Injektion, Reaktion.

EL ALFABETO ESPAÑOL
DAS SPANISCHE ALPHABET

Das spanische Alphabet besteht aus 27 Buchstaben (früher waren es 29 - das CH und das LL zählten auch dazu). Hier unten haben wir sie alle aufgelistet, jeweils gefolgt von einem Wortbeispiel mit dem entsprechenden Anfangsbuchstaben und der deutschen Übersetzung dieses Beispiels. In der letzten Spalte findest du die Transkription der Aussprache des jeweiligen Buchstabens; dort, wo die Aussprache besonders schwierig ist, haben wir das entsprechende Symbol verwendet, um diese zu verdeutlichen.

		AUSSPRACHE
A	**AVIÓN** Flugzeug	A
B	**BURRO** Esel	VBE
C	**CASA** Haus	THE
D	**DEDO** Finger, Zehe	DE
E	**ESPAÑA** Spanien	E
F	**FOTO** Foto	EFE
G	**GATO** Katze	
H	**HUEVO** Ei	

		AUSSPRACHE
I	**ISLA** Insel	I
J	**JIRAFA** Giraffe	 OTA
K	**KOALA** Koala	KA
L	**LIBRO** Buch	ELE
M	**MONO** Affe	EME
N	**NUBE** Wolke	ENE
Ñ	**ÑU** Gnu	E  E
O	**OJO** Auge	O
P	**PATO** Ente	PE
Q	**QUESO** Käse	CU
R	**RATÓN** Maus	E  E
S	**SOL** Sonne	E  E

		AUSSPRACHE
T	**TAZA** Tasse	TE
U	**UVA** Traube	U
V	**VACA** Kuh	UVBE
W	**WATERPOLO** Wasserball	UVBE DOVBLE
X	**EXAMEN** Prüfung	EKIS
Y	**YOGUR** Joghurt	YE
Z	**ZORRO** Zorro, Fuchs	THETA

¡OJO!

Im Spanischen gibt es einen Akzent - den sogenannten Akut (´), der die zu betonende Silbe angibt.
Mehr dazu und darüber, wie Wörter sich je nach Akzent verändern, findest du im **Abschnitt EyE** am Ende des Buches.

EyE 1 **Acentos**

Außerdem solltest du noch wissen, dass es im Spanischen keinen Apostroph gibt.
So, jetzt hast du eine ganze Menge über die spanische Aussprache erfahren – bist du bereit, loszulegen?

PASO

DOS

PRESENTACIONES

WIE MAN SICH VORSTELLT

Hallo, ich bin Dolores
Wie heißt du?
Begrüßung und Abschied
Wie geht's?
Wie alt bist du?
Und jetzt zählen wir!
Männlich und weiblich
Singular und Plural

2

PASO DOS

PRESENTACIONES

HOLA, SOY DOLORES
HALLO, ICH BIN DOLORES

Jetzt ist der Augenblick gekommen, da wir uns einander vorstellen sollten. Wie oft warst du schon in einer peinlichen Situation oder hast für Gelächter gesorgt, weil du nicht wusstest, wie du jemanden in einer Fremdsprache angemessen begrüßt?
Ganz schnell kommt es zu Missverständnissen, wenn du eine Begrüßungsformel, die in deinem Land durchaus üblich ist, – womöglich mit Hilfe des Wörterbuches – einfach in eine andere Sprache übersetzt, ohne die Gepflogenheiten des entsprechenden Landes zu kennen. So wäre es zum Beispiel durchaus möglich, dass ein Spanier dir zur Begrüßung erklärt, er sei entzückt oder gar verzaubert. Im Spanischen sagt man **encantado de conocerte**, was soviel heißt wie "angenehm, dich kennenzulernen". Die wörtliche Übersetzung lässt in diesem Fall zu wünschen übrig...

Was lernst du daraus? Um eine Sprache richtig zu sprechen, ist es nötig - dem Anlass ensprechend - die passenden Worte zu verwenden. Dazu musst du nicht unbedingt alle Nuancen dieser Sprache kennen, dir sollten aber zumindest die grundlegenden Unterschiede zu deiner Muttersprache geläufig sein. Wenn du dieses Buch gekauft hast, ist es sehr wahrscheinlich, dass du früher oder später nach Spanien oder Lateinamerika reisen wirst. Jetzt möchten wir dich bitten, dein Gewissen zu überprüfen und die folgende Frage ehrlich zu beantworten: Wie viele Möglichkeiten hast du, jemanden anzusprechen, ohne dabei das Wort "hallo" zu verwenden? Liegt die Zahl unter zwei und möchtest du nicht die oben genannten Reaktionen auslösen, dann empfehlen wir dir, diesen ersten Dialog zwischen Personen, die sich nicht kennen, aufmerksam zu lesen:

DOLORES **Hola, me llamo Dolores, encantada (de conocerte).**
Hallo, ich heiße Dolores, angenehm (dich kennenzulernen).

PHILIPP **Mucho gusto, yo soy Philipp. ¿Qué tal?**
Sehr erfreut, ich bin Philipp. Wie geht's?

DOLORES **Muy bien, ¿y tú?**
Sehr gut, und dir?

PHILIPP **Bien, gracias.**
Gut, danke.

DOLORES **¿Cómo se llama tu amigo?**
Wie heißt dein Freund?

PHILIPP **Se llama Michael. Michael, te presento a Dolores.**
Er heißt Michael. Michael, das ist Dolores.

MICHAEL **Encantado.**
Sehr erfreut.

¿CÓMO TE LLAMAS?
WIE HEISST DU?

Me llamo Pablo Diego José Francisco de Paula Juan Nepomuceno María de los Remedios Cipriano de la Santísima Trinidad Ruiz y Picasso.

Na ja: Selten ist ein Name so lange wie der Picassos, aber in Spanien und in den spanischsprachigen Ländern ist ein Nachname allein immer zu wenig. Egal ob Adliger oder gewöhnlich Sterblicher – es gibt immer (mindestens) zwei Nachnamen: den des Vaters und den der Mutter. Die Reihenfolge war früher fix, heute ist sie frei.

Nehmen wir ein Beispiel. Kennst du den Schriftsteller Gabriel García Márquez? Sein voller Name stammt aus zwei Namen, nämlich:

Gabriel Eligio **García** Martínez y Luisa Santiaga **Márquez** Iguarán
(Vater) (Mutter)

Um nochmals zu unserer Frage zurückzukehren: Die korrekte Antwort heißt in diesem Fall **me llamo Gabriel**, aber in einem normalen Gespräch hörst du als Antwort vielleicht auch **soy Gabriel** (ich bin Gabriel).

ÜBUNG 1

Versuche jetzt mal, den folgenden Satz ins Deutsche zu übersetzen. Du brauchst sicher nicht zu spicken, aber wenn du Zweifel hast, findest du die Lösung am Ende des Buches. ¡Vamos!

Hola, soy John, tengo 22 años y soy un cantante muy famoso. ¿Y tú cómo te llamas?

ANMERKUNG DES HERAUSGEBERS

Der Verlag weist jegliche Verantwortung für Johns Lügen hinsichtlich seines Alters zurück und bittet nachdrücklich darum, diese zu ignorieren.

Vielleicht ist dir aufgefallen, dass bei der Frage **¿Cómo te llamas? cómo** mit einem Akzent versehen ist. Das ist nicht immer der Fall. Es gibt eine einfache Regel, die erklärt, wann der Akzent benötigt wird und wann nicht - du wirst sehen, es ist nicht schwer.

Cómo wird *mit* Akzent geschrieben, wenn es betont ist , also:

- In Fragesätzen:
  ¿Cómo te va?
  Wie geht's/Wie geht es dir?

- Bei Ausrufen:

  ¡Cómo me gusta!
  Wie mir das gefällt!

- Wenn du etwas hervorheben möchtest:

  No te imaginas cómo ha cambiado.
  Du kannst dir nicht vorstellen, wie er sich verändert hat.

- In indirekten Fragesätzen:

  No sé cómo se llama.
  Ich weiß nicht, wie er heißt.

In allen anderen Fällen liegt keine besondere Betonung auf **como.** Es wird unbetont und der Akzent entfällt.

No hay nadie como tú.
Es gibt niemanden wie dich.

Como ist auch die erste Person des Verbs **comer** (essen) im Indikativ Präsens. Also nicht verwechseln!

Yo como como un león.
Ich esse wie ein Löwe.

SALUDOS
BEGRÜSSUNG UND ABSCHIED

Wusstest du schon, dass man sich im spanischsprachigen Raum bereits nachmittags einen guten Abend wünscht?
Wie man sich zu unterschiedlichen Tageszeiten begrüßt und verabschiedet, erfährst du gleich.

ZUR BEGRÜSSUNG

Hola = hallo

Buenos días* = guten Tag

Buenas tardes* = guten Abend

Buenas noches* = guten Abend/ gute Nacht

ZUM ABSCHIED

Adiós = tschüss/auf Wiedersehen

Chao = tschüss

Nos vemos = bis dann

Hasta** **luego** = bis bald

*Diese Floskeln kannst du auch zum Abschied verwenden. Dabei solltest du die Tageszeiten nicht durcheinanderbringen:

Buenos días: von Tagesanbruch bis zum Mittagessen
Buenas tardes: vom Mittagessen bis zum Abendessen
Buenas noches: nach dem Abendessen

****Hasta** bedeutet "bis" und verweist auf einen Zeitpunkt in der Zukunft:

Hasta la próxima = bis zum nächsten Mal
Hasta pronto = bis bald
Hasta mañana = bis morgen
Hasta luego = tschüss, bis später

Übrigens ist mittlerweile in Spanien - wie in Deutschland - überall, wo es eher zwanglos zugeht, das italienische *ciao* weit verbreitet. (Im Spanischen schreibt man es **chao**: Erinnerst du dich an die Ausspracheregel für CH? Nein? Dann schnell zurück zu *Paso 1*!)

Wenn du jemanden begrüßt, kannst du, wenn du möchtest, noch hinzufügen:

Hola, **me alegro de verte/¡qué alegría verte!**
schön, dich zu sehen!
¡cuánto tiempo!
wir haben uns eine Ewigkeit nicht gesehen!
¿qué tal?
wie geht's?
¿cómo estás?
wie geht es dir?

Und wenn du dich verabschiedest:

Adiós, **te llamo en cuanto pueda.**
ich rufe dich an, sobald ich kann (*was nie der Fall ist!*).
dale recuerdos a.../un abrazo a...
grüße mir.../umarme ... für mich

ÜBUNG 2

Jetzt gibt es eine Übersetzungsübung aus dem Deutschen. Die Namen musst du nicht übersetzen, und in den Lösungen brauchst du auch nicht nachzuschauen... Los geht's!

1 Hallo, ich bin Dolores, angenehm dich kennenzulernen.

....

2 Guten Tag Dolores, ich heiße Remedios.

....

3 Oh! Hallo Remedios, angenehm.

....

4 Bis morgen, Dolores.

....

5 Bis bald!

....

¿CÓMO ESTÁS?
WIE GEHT'S?

Auf diese Frage kannst du so antworten:

Muy bien, gracias.
Sehr gut, danke.
Estupendamente.
Wunderbar.
Genial.
Super.

Estoy bien gracias, ¿y tú?
Mir geht's gut, danke. Und dir?
No me quejo.
Ich kann mich nicht beklagen.

Und natürlich auch so:

No muy bien.
Nicht sehr gut.
Estoy un poco cansado/a.
Ich bin ein wenig müde.
Regular.
Mittelmäßig.
¡Fatal!
Mies!

Ist dir bei den Fragen etwas Besonderes aufgefallen? Anders als bei anderen Sprachen treten das Ausrufezeichen und das Fragezeichen im Spanischen immer paarweise auf – genau wie Anführungszeichen oder Klammern: ¡...! und ¿...?. Es ist so, als würden sie dir von Anfang an sagen, welche Absicht hinter einem Satz steckt, damit du ihn richtig betonst. Achte bitte darauf, dass die beiden Satzzeichen am Anfang eines Satzes auf dem Kopf stehen. **¿Vale? ¡Muy bien!**

¿CUÁNTOS AÑOS TIENES?
WIE ALT BIST DU?

Nach dem Alter fragst du üblicherweise so:

¿Cuántos años tienes?
Wie alt bist du?

Im Gegensatz zum Deutschen verwendet man im Spanischen, um nach dem Alter zu fragen oder dieses zu nennen, das Verb haben (**tener**).

tengo = ich habe, *hier*: ich bin
treinta y siete = siebenunddreißig
años = Jahre

Vielleicht hast du schon bemerkt, dass die Wörter **cuántos, qué** und **cuál** immer mit einem Akzent versehen sind, wenn sie als Fragewörter verwendet werden: Sie sind betont, genau wie das bei **cómo** der Fall ist.

¿Cuánto dinero tienes?
Wie viel Geld hast du?
¿Qué hora es?
Wie spät ist es?
¿Cuál es tu cantante favorito?
Wer ist dein Lieblingssänger?

In allen anderen Fällen brauchst du keinen Akzent, weil die Wörter dann unbetont sind.

Tengo unos cuantos amigos en Francia.
Ich habe ein paar Freunde in Frankreich.
No tengo nada que decir.
Ich habe nichts zu sagen.
Me gustas como eres.
Du gefällst mir so wie du bist.

UND JETZT ZÄHLEN WIR!

Egal, was du damit anfängst (dein wahres Alter nennen oder diesbezüglich schummeln, einem Unbekannten eine falsche Telefonnummer hinterlassen oder Schafe zählen) - es ist wichtig, dass du bis zwanzig zählen kannst und die Zahlen auf Spanisch richtig aussprichst, ohne herumzustammeln oder zu improvisieren. Bist du bereit? **¡Vamos!**

ZAHL		AUSSPRACHE
1	**UNO**	UNO
2	**DOS**	DOS
3	**TRES**	TRES
4	**CUATRO**	CUATRO
5	**CINCO**	THINCO
6	**SEIS**	SEIS
7	**SIETE**	SIETE
8	**OCHO**	O O
9	**NUEVE**	NUEVBE
10	**DIEZ**	DIETH

ZAHL	AUSSPRACHE
11 **ONCE**	ONTHE
12 **DOCE**	DOTHE
13 **TRECE**	TRETHE
14 **CATORCE**	CATORTHE
15 **QUINCE**	KINTHE
16 **DIECISÉIS**	DIETHISEIS
17 **DIECISIETE**	DIETHISIETE
18 **DIECIOCHO**	DIETHIO  O
19 **DIECINUEVE**	DIETHINUEVBE
20 **VEINTE**	BEINTE

Am Ende des Buches, im **Abschnitt EyE**, findest du weitere Zahlen. Dort siehst du auch, wie die Ordnungszahlen (Erster, Zweiter, u.s.w.) geschrieben und ausgesprochen werden.

EyE 2 **Números**

ÜBUNG 3

Jetzt darfst du schreiben, wer du bist und wie alt du bist (nicht schummeln!). Die Zahl schreibst du bitte aus.

Hola, soy .... y tengo .... años.

ÜBUNG 4

Gib einem Unbekannten deine Telefonnummer und lies diese laut vor (dieses Mal ist Schummeln erlaubt).

Mi teléfono es ....

MASCULINO Y FEMENINO

MÄNNLICH UND WEIBLICH

Mann oder Frau? Freund oder Freundin? Spanische Substantive sind entweder *männlich* oder *weiblich* – ein Neutrum gibt es nicht. Die meisten Adjektive, Pronomen und alle Artikel stimmen mit dem Nomen, auf das sie sich beziehen, überein. Wie schön!

MÄNNLICH	WEIBLICH
Nomen, die auf **O** enden, sind so gut wie immer männlich (und Nomen auf A sind in der Regel weiblich):	
el niño = der Junge **el libro** = das Buch	**la niña** = das Mädchen **la casa** = das Haus
So gut wie immer haben wir gesagt…, denn es gibt Ausnahmen. Hier sind einige:	
el día = der Tag **el mapa** = die Landkarte	**la mano** = die Hand **la foto** = das Foto

Día und **mapa** sind männlich, obwohl sie auf **A** enden.
Mano und **foto** sind weiblich, obwohl sie auf **O** enden.

Einige Nomen bleiben in der männlichen und in der weiblichen Form gleich, zum Beispiel das Wort **estudiante** (wie sonst fast alle Substantive auf -e, die sich auf Menschen beziehen.:	
el estudiante = der Student	**la estudiante** = die Studentin
Manchmal gibt es für die männliche und die weibliche Form aber auch zwei ganz verschiedene Wörter:	
El hombre = der Mann **El padre** = der Vater **El toro** = der Stier	**La mujer** = die Frau **La madre** = die Mutter **La vaca** = die Kuh

Bezieht man sich auf ein Paar oder auf eine Gruppe von Personen unterschiedlichen Geschlechts, verwendet man immer die männliche Pluralform.

El padre + la madre = los padres
der Vater + die Mutter = die Eltern

Un niño + ocho niñas = nueve niños
ein Junge + acht Mädchen = neun Kinder
El rey + la reina = los reyes
der König + die Königin = das Königspaar

¡OJO!

Nomen, die im Deutschen weiblich sind, können im Spanischen männlich sein und umgekehrt. Deshalb lernst du den Artikel am besten immer gleich mit.

WEIBLICH	MÄNNLICH
la mesa = der Tisch	**el tenedor** = die Gabel
la cuchara = der Löffel	**el hombro** = die Schulter

Wenn du mehr über männliche und weibliche Substantive wissen möchtest, kannst du im **Abschnitt EyE** am Ende des Buches nachschlagen.

EyE 3 **Masculino y femenino**

ÜBUNG 5

Schauen wir mal, ob es dir gelingt, die weibliche Form zu diesen Substantiven zu finden:

profesor →
rey →
vecino →
estudiante →
hombre →
señor →

SINGULAR Y PLURAL
SINGULAR UND PLURAL

Dachtest du, dass es im Spanischen genügt, ein **S** ans Ende des Wortes zu hängen, um den Plural zu bilden? Na ja, es ist nicht ganz so. Die Regeln sind aber einfach: Wenn du dich konzentrierst, verstehst du sie im Nu.

Um den Plural eines Wortes zu bilden, musst du lediglich ein **S** oder die Silbe **ES** anhängen - je nachdem wie das Wort endet.

hay = es gibt
dos = zwei
pequeños animales = kleine Tiere
en el jardín = im Garten

- Das **S** hängst du an, wenn die Singularform auf einen Vokal endet.

pequeño - pequeños
klein - klein (Plural)
naranja - naranjas
Orange - Orangen

- Die Silbe **ES** hängst du an, wenn der Singular auf einen Konsonanten endet:

animal - animales
Tier - Tiere
jardín - jardines
Garten - Gärten

Und denk bitte daran, dass das Plural-**S** immer ein  wie das einer Schlange ist!

- Endet ein Nomen oder ein Adjektiv auf **Z**, dann wird das **Z** zu einem **C,** und man hängt die Silbe **ES** an.

pez - peces
fisch - Fische
feliz - felices
glücklich - glücklich (Plural)

Wie du vielleicht bemerkt hast, ändert sich auch der Artikel, wenn du ein Wort im Plural verwendest.

la naranja – las naranjas
el jardín – los jardines
el animal – los animales
el pez – los peces

Im Spanischen gibt es zwei unterschiedliche Wörter für Fisch: Den Fisch, den wir essen, nennen wir **pescado** (wie das Wort schon sagt, wurde er ja tatsächlich gefischt). **Pez** hingegegen heißt der Fisch, der frei und glücklich im Wasser schwimmt. Was den Plural betrifft – na ja, den solltest du eigentlich bilden können. Ansonsten... schau dir schnell nochmals die Regeln an.

PEZ

PESCADO

Wenn du dich eingehender mit den Ausnahmen zum Plural befassen möchtest, blätterst du zum **Abschnitt EyE** am Ende des Buches.

Plural (excepciones)

ÜBUNG 6

Jetzt bist du dran. Schau dir bitte die Bilder an und versuche den Satz anhand dessen, was du siehst, neu zu formulieren:

HAY UN CHIMPANCÉ Y UN PLÁTANO EN EL ÁRBOL.

Auf dem Baum sind ein Schimpanse und eine Banane.

HAY ....

PASO

TRES

¿SER O ESTAR?

SEIN

Die Wochentage
Die Tageszeiten
Monate und Jahreszeiten
Daten
Der Gemütszustand
Das Aussehen
Und/oder
Sehr und viel
Woher kommst du?
Nationalitäten
Sein

3

PASO TRES

¿SER O ESTAR?

Sein oder sein? Genau das ist im Spanischen unser Problem... Wie du auf den nächsten Seiten sehen wirst, gibt es zwei Möglichkeiten, das Verb "sein" zu übersetzen: **ser** und **estar**. Diese beiden Verben sind zweieiige Zwillinge – also Wörter, die man ins Deutsche zwar gleich übersetzt, die aber im Spanischen unterschiedlich gebraucht werden. Am Ende dieses Kapitels kannst du unterscheiden, wann du das eine, und wann das andere benötigst, ohne dir dabei das Gehirn zu zermartern. Bist du bereit?

DÍAS DE LA SEMANA
DIE WOCHENTAGE

Zu den Wochentagen gibt es eigentlich nichts anzumerken, außer dass die Aussprache von **jueves** vielleicht nicht ganz einfach ist.

¿Qué día es hoy?
Welcher Tag ist heute?
Hoy es...

DÍA	AUSSPRACHE
LUNES	LUNES
MARTES	MARTES
MIÉRCOLES	MIÉRCOLES
JUEVES	 UEVBES
VIERNES	BIERNES
SÁBADO	SÁVBADO
DOMINGO	DOMINGO

¡OJO!

Wochentage, die auf **S** enden, bleiben im Plural unverändert.

Hoy es martes.
Heute ist Dienstag.
Voy a correr todos los martes.
Ich gehe jeden Dienstag laufen.

Sábado und **domingo** benötigen im Plural hingegen ein **S**:

Hoy es sábado.
Heute ist Samstag.
Voy a correr todos los sábados.
Ich gehe jeden Samstag laufen.

LOS MOMENTOS DEL DÍA
DIE TAGESZEITEN

Estos son los momentos del día:

el amanecer = das Morgengrauen
la mañana = der Morgen, der Vormittag
la tarde = der Nachmittag
la tarde/noche = der Abend
la noche/madrugada = die Nacht

Por la mañana duermo.
Vormittags schlafe ich.
Por la tarde echo la siesta*.
Nachmittags mache ich Siesta.
Por la noche no trabajo.
Abends arbeite ich nicht.

***La siesta** = Für viele Spanier und Lateinamerikaner gehört sie zu den wichtigsten Beschäftigungen tagsüber (warum, müssen wir wohl nicht erklären). In letzter Zeit ist sie meist deutlich kürzer geworden. Die Überzeugung, dass es guttut, zwischendurch abzuschalten, besteht aber nach wie vor.

Otros momentos (weitere Zeitangaben):

ayer, hoy, mañana = gestern, heute, morgen
anteayer/antes de ayer = vorgestern
pasado mañana = übermorgen
la semana pasada = letzte Woche
la próxima semana = nächste Woche

Sicher hast du bemerkt, dass **mañana** zwei Bedeutungen hat:

mañana = morgen
mañana = der Morgen, Vormittag
mañana por la mañana = morgen Vormittag

Das Wort **tarde** hat ebenfalls zwei Bedeutungen:

tarde = spät
tarde = Nachmittag
más tarde por la tarde = später am Nachmittag

MESES Y ESTACIONES
MONATE UND JAHRESZEITEN

¿En qué mes estamos? Estamos en...

MES	AUSSPRACHE
ENERO	ENERO
FEBRERO	FEVBRERO
MARZO	MARTHO
ABRIL	AVBRIL

MES	AUSSPRACHE
MAYO	MAYO
JUNIO	UNIO
JULIO	ULIO
AGOSTO	AGOSTO
SEPTIEMBRE	SEPTIEMBRE
OCTUBRE	OCTUVBRE
NOVIEMBRE	NOVBIEMBRE
DICIEMBRE	DITHIEMBRE

¿En qué estación estamos? Estamos en...

Frühjahr	PRIMAVERA	PRIMAVBERA
Sommer	VERANO	BERANO
Herbst	OTOÑO	OTO O
Winter	INVIERNO	INBIERNO

Ist die Rede vom aktuellen Monat oder von der aktuellen Jahreszeit, brauchst du immer die Präposition **en**:

Estamos en diciembre.
Es ist Dezember.
Estamos en primavera.
Es ist Frühling.

ÜBUNG 7

Mit den gelernten Wörtern kannst du diese Sätze übersetzen.

1 Welcher Tag ist heute?

....

2 Es ist Sonntag, ich gehe laufen.

....

3 Wann?

....

4 Nachts.

....

5 Es ist Winter: Geht's dir gut?

....

6 Mittelmäßig...

....

FECHAS
DATEN

Wenn man von einem Datum spricht, benötigt dazu die entsprechenden Präpositionen. Damit du dich an diese Präpositionen gewöhnst, haben wir beispielhaft ein Geburtsdatum ausgewählt:

María nació en Sevilla el 20 de septiembre de 1975 a las 8 de la mañana.
María ist am 20. September 1975 um 8 Uhr morgens in Sevilla geboren.

ÜBUNG 8

YO NACÍ EN CÁDIZ EL DIEZ DE AGOSTO DE 1989 A LAS NUEVE DE LA MAÑANA.

Du bist jetzt an der Reihe. Trage dein vollständiges Geburtsdatum ein (Ort, Tag, Monat, Jahr und Uhrzeit).

YO NACÍ EN EL (DÍA) DE (MES) DE (AÑO) A LAS (HORA)

Hier darfst du die Geburtsdaten von drei weiteren Personen notieren. Und keine Ausrede, was die Uhrzeit betrifft: Wenn du sie nicht weißt, erfindest du sie eben (bei Picasso kannst du im Internet recherchieren).

MI AMIGA NACIÓ

MI PADRE NACIÓ

PICASSO NACIÓ

¿Todo bien? ¡Entonces vamos!

ESTADOS DE ÁNIMO
DER GEMÜTSZUSTAND

¿Cómo estás? Estoy...

 **FELIZ** glücklich FELITH	 **TRISTE** traurig TRISTE	 **ABURRIDO** gelangweilt 
 **EMOCIONADO** aufgeregt EMOTHIONADO	 **CANSADO** müde CANSADO	 **LOCO** verrückt LOCO
 **ENFADADO** wütend ENFADADO	 **COHIBIDO** verschüchtert COHIVBIDO	 **BORRACHO** betrunken 
 **CONFUNDIDO** verwirrt CONFUNDIDO	 **SORPRENDIDO** überrascht SORPRENDIDO	 **ASUSTADO** erschrocken ASUSTADO

ANMERKUNG DES HERAUSGEBERS
Der Verlag rät dringend davon ab, Johns Spanisch nachzuahmen – vor allem, wenn er betrunken ist.

ASPECTO FÍSICO
DAS AUSSEHEN

¿Cómo eres? Soy...

GUAPO
hübsch, schön

GUAPO

FEO
hässlich

FEO

VIEJO
alt

JOVEN
jung

GORDO
dick

GORDO

DELGADO/FLACO
dünn, schlank

DELGADO/FLACO

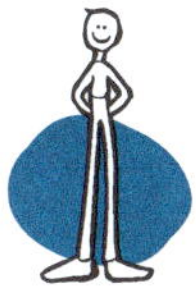

ALTO
groß

ALTO

BAJO
klein

GRANDE
kräftig (Statur)

GRANDE

PEQUEÑO
schmächtig (Statur)

Y/O
UND/ODER

Nachdem du jetzt dich selbst und deine Gefühle beschreiben kannst, solltest du zwei kleine Zauberwörter lernen – die Konjunktionen **y** und **o**.

Y entspricht im Deutschen "und". Du kannst damit mehrere Aussagen über dich verknüpfen. Mit **o** kannst du über zwei Alternativen reden; es entspricht dem deutschen "oder".

Beginnt das Wort, das auf **y** folgt, mit einem **I** oder mit der Silbe **hi**, wird das **y** der leichteren Aussprache wegen zu einem **e.**

Soy guapo *e* **inteligente.**
Ich bin schön und intelligent.

Geht es um zwei gegensätzliche Dinge oder um eine Alternative, verwendest du die Konjunktion **o:**

¿Eres tonto *o* **inteligente?**
Bist du dumm oder intelligent?

Ebenfalls der Aussprache wegen wird das **o** zu einem **u**, wenn das nachfolgende Wort mit einem **o** oder mit der Silbe **ho** beginnt.

¿Mujer *u* **hombre?**
Mann oder Frau?
Una cosa *u* **otra**
Die eine Sache oder die andere?

ÜBUNG 9

Es tut uns leid, dass wir dir noch nicht beigebracht haben, wie man "es tut mir leid" sagt! Auf Spanisch heißt das **lo siento.**

"Sabine Single"

Das ist Sabine. Sabine ist auf der Suche nach dem idealen Mann, findet ihn aber leider nicht. Deshalb hat sie beschlossen, sich mit einigen potentiellen Partnern zu treffen – in der Hoffnung, einen Ehemann zu finden.
Bitte vervollständige die Sätze unter den Zeichungen, indem du das passende Adjektiv einsetzt.

Lo siento, pero tú eres muy feo.

Lo siento, pero tú eres muy ____________.

Lo siento, pero tú eres muy ____________.

Lo siento, pero tú eres muy ____________.

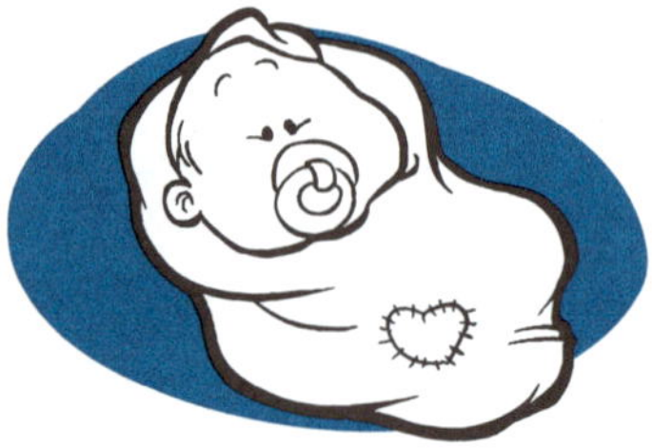

LO SIENTO, PERO TÚ ERES MUY ________.

LO SIENTO, PERO TÚ ERES UN ________.

Im Abschnitt EyE haben wir weitere Adjektive für dich aufgelistet. Solltest du dich in den Personenbeschreibungen Sabines nicht wiederfinden, dann wirf einen Blick in diesen Teil am Ende des Buches.

EyE 5 **Estados de ánimo/Aspecto físico**

MUY Y MUCHO
SEHR UND VIEL

Vielleicht ist dir aufgefallen, dass Sabine beim Betrachten der Männer, die für sie nicht in Frage kommen, das Wort **muy** (sehr) verwendet hat. Für "sehr" gibt es im Spanischen aber noch ein weiteres Wort, nämlich **mucho**. Wir haben es hier wieder einmal mit zweieiigen Zwillingen zu tun. **Mucho** kann außerdem auch noch "viel" heißen. Es ist deshalb wichtig, dass du lernst, wann du welchen Zwilling benötigst. Lies dir die Erklärung aufmerksam durch, **¡es muy importante!**

Mucho verwendet man:

BEI VERBEN

ME GUSTAS MUCHO
Du gefällst mir sehr.

TE QUIERO MUCHO
Ich mag dich sehr.

BÉSAME MUCHO
Küsse mich ganz fest!

NO COMO MUCHO
Ich esse nicht viel.

BEI SUBSTANTIVEN

MUCHAS CHICAS
viele Mädchen

MUCHA ENVIDIA
viel Neid

MUCHO RUIDO
viel Lärm

MUCHOS PROBLEMAS
viele Probleme

Muy verwendet man:

BEI ADVERBIEN

¡MUY BIEN!
Sehr gut!

¡MUY MAL!
Sehr schlecht!

MUY TARDE
sehr spät

MUY TEMPRANO
sehr früh

BEI ADJEKTIVEN

MUY FELIZ
sehr glücklich

MUY TRISTE
sehr traurig

MUY ENFADADA
sehr wütend

MUY CANSADO
sehr müde

Wie du sicherlich bemerkt hast, wird **mucho**, wenn es einem Substantiv vorangeht, immer an dieses angeglichen.
Muy dagegen ist unveränderlich.
Ein paar Beispiele:

Hay muchas chicas.
Es sind viele Mädchen da.
Hablan mucho.
Sie reden viel.

Estoy muy confundido.
Ich bin sehr verwirrt.
Tengo muchos amigos.
Ich habe viele Freunde.
No hablan mucho.
Sie reden nicht viel.
Tengo mucha suerte.
Ich habe viel Glück.

ÜBUNG 10

Muy oder **mucho**? Teste dein Wissen!

1 **Estoy** .... **triste de estar aquí.** (Ich bin sehr traurig, hier zu sein.)

2 **Vuelvo a casa, es** .... **tarde.** (Ich gehe nach Hause, es ist sehr spät.)

3 **Hay** .... **chicas en este ascensor.** (In diesem Aufzug sind viele Mädchen.)

4 **Me gusta** .... **ir a la playa.** (Ich gehe sehr gerne an den Strand.)

5 **No tienes** .... **amigos.** (Du hast nicht viele Freunde.)

6 **Gracias, eres** .... **amable.** (Danke, sehr nett von dir.)

¿DE DÓNDE ERES?
WOHER KOMMST DU?

Dónde entspricht dem deutschen "wo". Geht die Präposition **a** voraus – **adónde** –, bedeutet es "wohin". Geht die Präposition **de** voraus – **de dónde** –, heißt es "woher".

In diesem Kapitel ist eine alte Freundin John Peter Sloans auf Besuch gekommen. Sie erzählt uns, **de dónde es**:

Hola, soy Sofía: soy de Lima, la capital de Perú.
Hallo, ich bin Sofia: Ich komme aus Lima, der Hauptstadt Perus.
Y vosotros, ¿de dónde sois?
Und ihr, woher kommt ihr?

Diese Fragen könntest du Sofía stellen.

TÚ **¿Eres peruana?**
Bist du Peruanerin?

SOFÍA **Sí, soy peruana.**
Ja, ich bin Peruanerin

TÚ **Y ahora ¿dónde vives?**
Und wo lebst du jetzt?

SOFÍA **Vivo en Berlín, cerca de la estación.**
Ich lebe in Berlin, in der Nähe des Bahnhofs.

Durch die fortschreitende Globalisierung wird die Welt mehr und mehr zu einem Treffpunkt unterschiedlicher Sprachen und Kulturen. Situationen wie diese wird es daher immer öfter geben:

PEDRO **Hola, soy Pedro y soy mexicano. ¿Tú de dónde eres? ¿Eres irlandés?**
Hallo, ich bin Pedro und bin Mexikaner. Woher kommst du? Bist du Ire?

CIAR **No, no soy irlandés, soy chino.**
Nein, ich bin kein Ire, ich bin Chinese.

Selbstverständlich ist Ciar (den du hier oben siehst) kein Chinese, sondern ein Ire mit reichlich Humor.

NACIONALIDADES
NATIONALITÄTEN

Pedro, te presento a Richard. Él es de Florida. Es americano.
Pedro, ich stelle dir Richard vor. Er kommt aus Florida. Er ist Amerikaner.
Mucho gusto, yo soy de Buenos Aires. Soy argentino.
Freut mich, ich komme aus Buenos Aires. Ich bin Argentinier.

Mit dem Wörtchen **de** kannst du sagen, woher du kommst, und mit diesen Vokabeln kannst du deine Nationalität benennen.

alemán, alemana (de Alemania) = Deutscher, Deutsche
español, -a (de España) = Spanier, -in
inglés, inglesa (de Inglaterra) = Engländer, -in
estadounidense, - (de Estados Unidos) = US-Amerikaner, -in
francés, francesa (de Francia) = Franzose, -in
italiano, -a (de Italia) = Italiener, -in
peruano, -a (de Perú) = Peruaner, -in
argentino, -a (de Argentina) = Argentinier, -in
chino,-a (de China) = Chinese, -in
japonés, japonesa (de Japón) = Japaner, -in

TE PRESENTO A MIS AMIGOS

Jean es de París. Es francés.
Jean kommt aus Paris. Er ist Franzose.
Ellas son de Tokio. Son japonesas.
Sie kommen aus Tokio. Sie sind Japanerinnen.
Natasha y Vladimir son de Moscú. Son rusos.
Natasha und Vladimir kommen aus Moskau. Sie sind Russen.

Im **Abschnitt EyE** am Ende des Buches findest du weitere Nationalitäten.

EyE 6 **Nacionalidades**

BLIND DATE

Wir haben bei einer großen Partnervermittlung namens “Corazones espinados” (gebrochene Herzen) Nachforschungen angestellt. Die folgenden Beispiele geben Telefongespräche zwischen Personen unterschiedlicher Nationalitäten wieder.

ANASTASIA **Hola, soy Anastasia, soy rusa y busco un hombre** (ich suche einen Mann).
¿Tú eres un hombre?

ROBERTO **Sí, me llamo Roberto y soy un hombre. ¿Tú eres doctora?**

ANASTASIA **No, no soy doctora. ¿Por qué?**

ROBERTO **Porque tengo el corazón herido** (verletzt).

SOFÍA **Hola, soy Sofía, y estoy muy sola.**

TOM **Hola Sofía, ¿qué tal?**

SOFÍA **Regular. Y tú, ¿de dónde eres?**

TOM **Soy estadounidense. ¿Y tú, cariño?**
SOFÍA **Soy peruana y vivo en Italia.**
TOM Oh nein! Jetzt weiß ich, wer du bist - die Freundin von John Peter Sloan! (er legt den Hörer auf)

SER Y ESTAR
SEIN

Es ist soweit - wir kommen zum "sein": Wann verwendet man **ser**, und wann **estar**?
Ein paar interessante Beispiele hast du schon gesehen:

Soy inglés y soy simpático.
Ich bin Engländer und ich bin sympathisch.
Estoy muy borracho.
Ich bin sehr betrunken.

Schauen wir uns die Formen der beiden Verben an:

	SER	ESTAR
YO	**SOY**	**ESTOY**
TÚ	**ERES**	**ESTÁS**
ÉL, ELLA, USTED	**ES**	**ESTÁ**
NOSOTROS (AS)*	**SOMOS**	**ESTAMOS**
VOSOTROS (AS)*	**SOIS**	**ESTÁIS**
ELLOS (AS)*, USTEDES	**SON**	**ESTÁN**

*Sicher ist dir aufgefallen, dass es für die drei Pronomen im Plural jeweils auch eine weibliche Form gibt.

Nosotras

Vosotras

Ellas

Usted und **ustedes** sind die Höflichkeitsformen. Sie entsprechen dem deutschen "Sie" im Singular bzw. Plural. Die informelle Anrede lautet **tú** bzw. **vosotros** bzw. **vosotras**.

Wie du siehst, geht es tatsächlich um zwei verschiedene Verben, die im Deutschen beide mit "sein" übersetzt werden. Im Spanischen gebraucht man sie unterschiedlich. **Ser** verwendet man im Allgemeinen, um über *prägende* und *dauerhafte Eigenschaften* zu reden, während man mit **estar** einen *vorübergehenden Zustand* oder *Umstand* bezeichnet, der sich verändern kann.

Ser verwendet man zum Beispiel
im Zusammenhang mit:

- Nationalität und Herkunft

  Soy un chico alemán.
  Ich bin ein deutscher Junge.
  Soy de Berlín.
  Ich komme aus Berlin.

- Aussehen

  Soy alto y delgado.
  Ich bin groß und schlank.

- Berufen

  Soy pizzero.
  Ich bin Pizzabäcker.

- Daten, Wochentagen, Gedenktagen

  Hoy es martes.
  Heute ist Dienstag.
  Es el 15 de julio.
  Es ist der 15. Juli.
  El concierto es esta tarde.
  Das Konzert ist heute Nachmittag.

- Materialien

  Esta silla es de madera.
  Dieser Stuhl ist aus Holz.
  Este jersey es de algodón.
  Dieser Pullover ist aus Baumwolle.

- Besitz oder Zugehörigkeit

  ¡Este es mi novio!

  Das ist mein Freund!

Estar verwendet man im Zusammenhang mit:

- dem Gemütszustand und der körperlichen Verfassung

  Estoy muy feliz de verte.

  Ich bin sehr glücklich, dich zu sehen.

  Estoy un poco cansado.

  Ich bin ein wenig mude.

  ¡Estoy gordo! (He engordado.)

  Ich bin dick. (Ich habe zugenommen.)

- dem Ort, an dem sich eine Person oder eine Sache befindet

  Estoy en Berlín.

  Ich bin in Berlin.

  La manzana está sobre la mesa.

  Der Apfel ist auf dem Tisch.

Wie du später noch lernen wirst, verwendet man das Verb **estar** auch dazu, Aktivitäten zu beschreiben, die gerade stattfinden. Näheres hierzu erfährst du in *Paso 8*.

SER	ESTAR

La mesa es redonda. Der Tisch ist rund. Die Tatsache, dass er rund ist, ist unveränderlich.	**La mesa está ocupada.** Der Tisch ist belegt. Die Tatsache, dass er belegt ist, ist vorübergehend.

ÜBUNG 11

Erzähle uns jetzt etwas über dich (wer du bist, wie du bist, was du tust). Verwende dabei die Verben **ser** und **estar**. Ein Beispiel:

ME LLAMO ANA, SOY GUAPA Y SIMPÁTICA, PERO ESTOY SIEMPRE CANSADA PORQUE MI TRABAJO ES DURO.

....

....

....

....

....

ÜBUNG 12

Ergänze die Sätze mit **ser** und **estar**.

1 **Raquel** .... **enfermera y** .... **de Madrid.**

2 **Ahora** (jetzt) **Raquel** .... **de vacaciones** (im Urlaub) **en Canadá.**

3 **Piedad** .... **muy simpática, pero hoy** .... **un poco triste.**

4 **Los niños** .... **en casa y sus padres** .... **muy cansados.**

5 **¿De dónde** .... **ustedes? De Andalucía.**

PASO

CUATRO

¡PRESENTE!

DAS PRÄSENS

Die Uhrzeit
Das Klima
Machen
Geben
Die Verben
Das Präsens
Alltägliche Verrichtungen
Die reflexive Form
Dieser, jener

4

PASO CUATRO

¡PRESENTE!

LA HORA
DIE UHRZEIT

Erinnerst du dich noch an den Unterschied zwischen **ser** und **estar**? Dann weißt du ja, dass wir immer das Verb **ser** verwenden, wenn es um ein Datum, einen Monat oder eine Jahreszeit geht.

Hoy es martes.
Heute ist Dienstag.

Dasselbe gilt auch für die Uhrzeit:

¿Qué hora es? – Es la una.
Wie spät ist es? – Es ist ein Uhr.

Wenn du allerdings auf der Straße jemanden nach der Uhrzeit fragen möchtest, sagst du besser: **¿Tienes hora, por favor?** oder, wenn du jemanden siezt, **Disculpe, ¿tiene hora?** Die Frage **¿Qué hora es?** könnte etwas aufdringlich wirken. Kommen wir nun zur Antwort auf die Frage. Ist es 12 Uhr, ein Uhr oder Mitternacht, anwortest du im Singular:

Es la una de la madrugada.
Es ist ein Uhr nachts (1:00).
Es la una y cuarto.
Es ist Viertel nach eins (13:15).
Es mediodía./Es medianoche.
Es ist 12 Uhr mittags./Es ist Mitternacht (12:00/00:00).

Bei allen anderen Uhrzeiten benötigst du **son**:

Son las tres de la tarde.
Es ist drei Uhr nachmittags (15:00).

Son las seis y media de la mañana.
Es ist halb sieben morgens (6:30).
Son las doce menos cuarto.
Es ist Viertel vor zwölf (11:45).
Son las cuatro y cuarto.
Es ist Viertel nach vier (16:15).
Son las nueve y media de la noche
Es ist halb zehn abends (21:30).

Geht es um eine volle Stunde, kannst du den Zusatz **en punto** verwenden – er ist aber nicht unbedingt nötig:
Son las cuatro (en punto).
Es ist genau vier Uhr.

Nähere Informationen zu diesem Thema findest du im **Abschnitt EyE** am Ende des Buches.

EyE 7 **La hora**

EL CLIMA
DAS KLIMA

Nach dem Wetter fragst du im Spanischen so:
¿Qué tiempo hace?
Wie ist das Wetter?

Um nochmals auf das Dilemma **ser** oder **estar** zurückzukommen: Dir ist ja bestimmt klar, dass das Wetter ein vorübergehender Zustand ist und du deshalb in vielen Fällen das Verb **estar** brauchst.

Außer natürlich in England, wo es 360 Tage im Jahr regnet (an den restlichen fünf Tagen schneit es).

ESTÁ SOLEADO
Es ist sonnig.

ESTÁ LLOVIENDO
Es regnet.

ESTÁ NUBLADO
Es ist bewölkt.

ESTÁ NEVANDO
Es schneit.

Wenn wir über das Wetter reden, verwenden wir auch das Verb **hacer**:

Hace mucho calor = Es ist sehr heiß.
Hace frío = Es ist kalt.
Hace buen tiempo = Es ist schönes Wetter.
Hace sol = Die Sonne scheint.
Hace viento = Es ist windig.

Weitere Vokabeln zum Thema Wetter findest du im **Abschnitt EyE** am Ende des Buches.

EyE 8 **El clima**

ÜBUNG 13

Mit dem soeben Gelernten kannst du diese Sätze vom Deutschen ins Spanische übersetzen. Versuche dabei bitte, die Zahlen auszuschreiben. **¿Estás listo?** (Bist du bereit?)

1 Wie spät ist es bitte?

....

2 Es ist drei Uhr und es ist windig.

....

3 Es ist sonnig, und es ist halb fünf.

....

4 Es ist Viertel nach sechs, und es ist kalt.

....

5 Es ist ein Uhr, und es ist sehr heiß.

....

HACER
MACHEN

Das Verb **hacer** heißt übersetzt "machen, tun". Es hat im Spanischen jedoch noch viele weitere Bedeutungen und wird in den unterschiedlichsten Zusammenhängen verwendet. **Hacer** ist nur in der ersten Person Singular unregelmäßig. Im Präsens wird es so konjugiert:

	HACER
YO	**HAGO**
TÚ	**HACES**
ÉL, ELLA, USTED	**HACE**
NOSOTROS (AS)	**HACEMOS**
VOSOTROS (AS)	**HACÉIS**
ELLOS (AS), USTEDES	**HACEN**

Wir haben einige Beispiele mit **hacer** für dich gesammelt:

hace calor/frío = Es ist warm/kalt.
hacer bien = gut tun
hacer un favor = einen Gefallen tun
hacer algo = etwas tun
no hacer nada = nichts tun
hacer la cama = das Bett machen
hacer la comida = das Essen zubereiten
hacer la maleta = den Koffer packen
hacer caso = achten, beachten
hacer una pregunta = eine Frage stellen
hacer falta = nötig sein/haben
hacer la compra = einkaufen
hacer deporte = Sport treiben
hacer un viaje = eine Reise unternehmen
hacer ruido = Lärm machen

Ein kleiner Dialog mit einigen nützlichen Ausdrücken:

A **¿Qué haces?**
Was machst du?
B **No hago nada.**
Ich mache nichts.
A **¿Por qué* no hacemos algo?**
Warum unternehmen wir nicht etwas?
B **Se me hace difícil.**
Das ist schwierig für mich.
A **¿Por qué*?**
Warum?
B **Hace demasiado calor.**
Es ist zu heiß.
A **Me hace falta algo.**
Mir fehlt etwas.
B **A mí no me hace falta nada.**
Mir fehlt nichts.

***porque** = weil /
¿por qué? = warum?

Im Zusammenhang mit einer Zeitangabe bedeutet **hace** "vor".

¡OJO!

hace un año = vor einem Jahr
hace tres días = vor drei Tagen
hace poco = vor Kurzem
hace mucho tiempo = vor langer Zeit
hace siglos = vor Jahrhunderten

Hacer darfst du niemals bei folgenden Wendungen verwenden:

Mach's gut = **¡Qué te vaya bien!**
einen Spaziergang machen = **dar un paseo**
Eindruck machen = **causar impresión/impresionar**
jdm. eine Freude machen = **causarle/darle un alegría a alguien**
es macht nichts = **no pasa nada/da igual**
einen guten/schlechten Eindruck machen = **quedar bien/mal**
Angst machen = **dar miedo**

DAR
GEBEN

Auch mit dem Verb **dar** "geben" gibt es im Spanischen eine Vielzahl von Ausdrücken und Wendungen. Hier sind einige:

dar una vuelta = spazieren gehen
dar un paseo = einen Spaziergang machen
dar clase = unterrichten
dar la vuelta al mundo = eine Weltreise machen

Dar verwendet man auch häufig im Sinne von "ein Gefühl hervorrufen".
Einige Beispiele:

me da sueño = es macht mich müde
me da vergüenza = es beschämt mich
me da rabia = es macht mich wütend

me da risa = es bringt mich zum Lachen
me da miedo = es macht mir Angst
me da asco = es ekelt mich
me da lástima/pena = es erweckt mein Mitleid/es tut mir leid

Dar ist in der ersten Person Singular unregelmäßig und wird so konjugiert:

	DAR
YO	**DOY**
TÚ	**DAS**
ÉL, ELLA, USTED	**DA**
NOSOTROS (AS)	**DAMOS**
VOSOTROS (AS)	**DAIS**
ELLOS (AS), USTEDES	**DAN**

ÜBUNG 14

Kommen wir zum praktischen Teil. Du darfst jetzt einige Sätze mit **hacer** und **dar** übersetzen. ¡Vamos!

1 Was machst du? Warum gehen wir nicht spazieren?

....

2 Nein. Es ist kalt.

....

3 Wir machen nie etwas. Das macht mich wütend.

....

4 Ich mache einen Kaffee.

....

5 Es ekelt mich. Ich packe die Koffer.

....

6 Das macht nichts.

....

“Gemacht” heißt auf Spanisch **hecho**. Aufgepasst: **Hecho** hat im Spanischen noch eine weitere Bedeutung - "Tatsache":

El hecho es que...
Tatsache ist, dass...
Me he hecho daño.
Ich habe mir wehgetan.

Pass auf, dass du **hecho** nicht mit **echo** (ich werfe, ich gieße ein, ich werfe hinaus) verwechselst:

Echo agua a las plantas.
Ich gieße die Pflanzen.
Echo a mi marido de casa.
Ich werfe meinen Mann aus dem Haus.

LOS VERBOS
DIE VERBEN

Du kennst jetzt die Verben **ser, estar** und **hacer** und bist damit schon weit gekommen. Um aber ein Gespräch über alltägliche Themen führen zu können, genügen sie nicht. Am Ende diesen Kapitels wirst du in der Lage sein, verschiedene Tätigkeiten im Präsens auszudrücken. Keine Panik: Du wirst sehen, es ist leicht und unterhaltsam .

Die regelmäßigen Verben lassen sich entsprechend ihrer Endungen in drei Gruppen einteilen, nämlich in die Verben auf **-AR**, **-ER**, **-IR**.

-AR	-ER	-IR
AMAR lieben	**BEBER** trinken	**VIVIR** leben
ESTUDIAR lernen	**COMER** essen	**ESCRIBIR** schreiben
HABLAR sprechen	**LEER** lesen	**ABRIR** öffnen
VIAJAR reisen	**CORRER** rennen, laufen	**DISCUTIR** diskutieren
BAILAR tanzen	**COMPRENDER** verstehen	**APLAUDIR** applaudieren

EL PRESENTE
DAS PRÄSENS

Wann und wie verwendet man das Präsens? Die Antwort lautet: In den meisten Fällen genau wie im Deutschen. Auch wenn du die Regeln nicht kennst, machst du es automatisch richtig. Eine kleine Hilfe zur Gedächtnisauffrischung geben wir dir hier.

Du kannst das Präsens verwenden, um eine Handlung zu beschreiben, die in genau diesem Moment stattfindet:

¿Qué haces?
Was machst du gerade?
¿No lo ves? Estudio español.
Siehst du nicht? Ich lerne gerade Spanisch.

Du kannst das Präsens auch verwenden, wenn du dich auf eine Handlung beziehst, die in unmittelbarer Zukunft stattfindet:

Te llamo el domingo.
Ich rufe dich am Sonntag an.
En agosto me voy a las Canarias.
Im August gehe ich auf die Kanaren.

Das Präsens wird oft verwendet, um gewohnheitsmäßige Tätigkeiten zu beschreiben:

Los domingos trabajo y los lunes descanso.
Sonntags arbeite ich, und montags ruhe ich aus.
Hablo poco y como mucho.
Ich rede wenig und esse viel.

Im Spanischen beschreibt man mit dem Präsens aber auch Ereignisse, die in der Vergangenheit stattfanden. In diesem Fall dient es als Stilmittel:

Pablo Picasso nace en Málaga en 1881.
Pablo Picasso wurde 1881 in Malaga geboren.

Wann du das Präsens verwendest, weißt du – schauen wir jetzt, wie es aussieht.

	AMAR	COMER	VIVIR
YO	**AMO**	**COMO**	**VIVO**
TÚ	**AMAS**	**COMES**	**VIVES**
ÉL, ELLA, USTED	**AMA**	**COME**	**VIVE**
NOSOTROS (AS)	**AMAMOS**	**COMEMOS**	**VIVIMOS**
VOSOTROS (AS)	**AMÁIS**	**COMÉIS**	**VIVÍS**
ELLOS (AS), USTEDES	**AMAN**	**COMEN**	**VIVEN**

Bevor wir fortfahren... zwei kleine Tricks, die dir vielleicht helfen. Schau dir die fett gedruckten Buchstaben an: Was siehst du?

Die Endung der ersten Person Singular lautet in allen drei Konjugationen gleich – **o** (am**o**, com**o**, viv**o**).
Die zweite und dritte Konjugation sind so gut wie identisch: Sie unterscheiden sich lediglich in der ersten und zweiten Person Plural (com**e**mos, viv**i**mos; com**éi**s, viv**í**s).
Ganz einfach, oder?

Vergiss bitte nicht die Akzente auf **tú** und **él**: Wie du vielleicht schon im **Abschnitt EyE 1 - Acentos** gelesen hast, kann ein Akzent die Bedeutung des Wortes mehr oder weniger verändern. Achte besonders auf:

tú = du (Personalpronomen)
tu = dein (Possessivpronomen)

Tu nombre dice quién eres tú.
Dein Name sagt, wer du bist.

él = er (Personalpronomen)
el = der, die, das (Artikel)

Él lee el periódico.
Er liest die Zeitung.

Hier haben wir ein paar Sätze, um dich ein wenig mit den Verben vertraut zu machen.

• **hablar** = sprechen, reden

Hablo poco, como todas las mujeres.
Ich rede wenig, wie alle Frauen.
Él no habla nunca.
Er spricht nie.

• **beber** = trinken

Nosotros no bebemos vino.
Wir trinken keinen Wein.
Ellos no beben cerveza.
Sie trinken kein Bier.

- **subir** = (ein)steigen, hochsteigen

  Nosotras subimos montañas.
  Wir besteigen Berge.
  Vosotros subís solo las escaleras.
  Ihr steigt nur Treppen.

Im Spanischen gibt es viele unregelmäßige Verben. Einige davon findest du im **Abschnitt EyE** am Ende des Buches.

EyE 9 **Verbos**

ÜBUNG 15

Übersetze bitte diese Sätze. Wie immer findest du die Lösungen am Ende des Buches (aber nicht spicken).

1 Sonia come como su gato.

....

2 ¿Hablas español? No comprendo. Yo hablo solo chino.

....

3 Marcos y sus padres corren al baño.

....

4 Mi familia y yo vivimos en la Luna.

....

5 Lavo los platos todos los meses (jeden Monat).

....

ÜBUNG 16

Vervollständige diese Sätze, indem du das Verb in Klammern konjugierst:

Alex (**hablar**) HABLA .... muy despacio.

1 Yo (**amar**) .... a mi gato.

2 Mi gato (**leer**) .... libros de filosofía.

3 Mi gato y yo (**beber**) .... vino y (**cocinar**) .... platos chinos.

4 Mis amigos (**comer**) .... con mi gato.

5 Nosotros (**bailar**) .... mucho y (**discutir**) .... poco.

6 Vosotros no (**hablar**) .... con mi gato.

7 Vosotros (**mirar**) .... y (**aplaudir**) ....

ACCIONES HABITUALES
ALLTÄGLICHE VERRICHTUNGEN

Du kannst jetzt die Verben konjugieren, bist also bereit, einige der Tätigkeiten zu lernen, die du tagtäglich verrichtest. Im Spanischen sind diese Verben meistens reflexiv:

me despierto = ich wache auf
me levanto = ich stehe auf
me ducho = ich dusche
me lavo la cara/los dientes = ich wasche mir das Gesicht/putze die Zähne
me miro en el espejo = ich schaue mich im Spiegel an
me peino = ich kämme mich
me arreglo = ich mache mich zurecht

me maquillo = ich schminke mich
me visto = ich ziehe mich an
me relajo = ich entspanne mich
me pongo el pijama = ich ziehe den Schlafanzug an
me acuesto = ich gehe ins Bett
me duermo = ich schlafe ein

Andere Verben wiederum sind – wie im Deutschen – nicht reflexiv:
desayuno = ich frühstücke
salgo de casa = ich gehe aus dem Haus
voy al trabajo = ich gehe zur Arbeit
como = ich esse
practico deporte = ich treibe Sport
vuelvo a casa = ich kehre heim
veo la tele = ich sehe fern
ceno = ich esse zu Abend

LA FORMA REFLEXIVA
DIE REFLEXIVE FORM

Schauen wir uns die reflexive Form näher an: Sie zu bilden ist ein Kinderspiel (und wenn du jetzt stöhnst, dann stell dir doch mal vor, wie schwierig sie erst für einen Hong-Kong-Chinesen sein mag). Du musst lediglich die Verbformen beherrschen und ihnen zwei kleine Zauberwörter – besser bekannt als *Pronomen* – voranstellen.
Folge uns und wiederhole diese kleinen Wörter vier Mal, wie einen Reim. Bist du bereit?

YO	**ME**
TÚ	**TE**
ÉL/ELLA/USTED	**SE**
NOSOTROS (AS)	**NOS**
VOSOTROS (AS)	**OS**
ELLOS/ELLAS/USTEDES	**SE**

Jetzt fügst du nur noch das Verb – selbstverständlich in der richtigen Person – hinzu. Vielleicht fragst du dich: "Woher weiß ich, welche Verben reflexiv sind und welche nicht? Muss ich alle auswendig lernen?". Selbstverständlich nicht. Dafür gibt es tolle Wörterbücher: Es genügt, wenn du weißt, dass reflexive Verben auf die Silbe **SE** enden:

levantarse = aufstehen
lavarse = sich waschen
acostarse = ins Bett gehen

und so weiter.

ÜBUNG 17

Bis du bereit für eine kleine Übung? Dann beantworte bitte die Fragen und verwende dazu – wo nötig – das Reflexivverb (und das entsprechende Pronomen).

¿A qué hora te levantas?

ME LEVANTO A LAS OCHO DE LA MAÑANA

1 ¿A qué hora desayunas?

....

2 ¿A qué hora vas al trabajo?

....

3 ¿A qué hora practicas deporte?

....

4 ¿A qué hora cenas?

....

5 ¿A qué hora te acuestas?

....

ESTO, ESO, AQUELLO
DIESER, JENER

esto = diese(r,s) hier, das hier

¡No soporto esto!
Ich ertrage das hier nicht!
¿Por qué me haces esto?
Warum tust du mir das an?
¿Qué es esto?
Was ist das?

¡OJO! **Esto** verwendet man ausschließlich für Dinge, die nicht explizit genannt oder näher spezifiziert werden. Bei Personen verwendet man **esto** nie. Wenn du dich auf eine ganz bestimmte Sache oder Person beziehst, solltest du statt esto **este** (Plural **estos**) und **esta** (Plural **estas**) gebrauchen.

Este es mi novio.

Mit **este** bezeichnest du etwas, das sich in deiner Nähe befindet. Dasselbe gilt für die entsprechende weibliche Form.
Esta es mi cerveza.

Im Plural verwendest du **estos** (für die männliche Form) und **estas** (für die weibliche Form).

Estos novios son míos.
Estas cervezas son mías.

Eso = jene(r,s) dort, der da, der dort. **Eso** wird genau wie **esto** verwendet, bezieht sich also auf etwas Unbestimmtes. Im Unterschied zu **esto** gebrauchst du **eso** aber für Dinge, die sich nicht in deiner Nähe befinden:

¿Qué es eso?
Was ist das dort?
¿Eso? No sé.
Das dort? Ich weiß nicht?

Wenn du über eine bestimmte Sache oder Person redest, die sich nicht in deiner Nähe, sondern in der Nähe deines Gesprächspartners befindet, verwendest du **ese**:

Ese es mi perro.

Esa es mi cerveza.

Der Plural lautet **esos** (für die männliche Form) und **esas** (für die weibliche).

Esos son mis perros.
Esas son mis cervezas.

Ist die Sache, von der du redest, sowohl von dir als auch von deinem Gesprächspartner entfernt, sagst du:

aquel, aquella (im Singular)
aquellos, aquellas (im Plural)

¿Te acuerdas de aquel libro?
Erinnerst du dich an jenes Buch?
Quiero aquella muñeca.
Ich möchte die Puppe dort.
Aquellos papagayos cantan todo el día.
Diese Papageien dort singen den ganzen Tag.
Aquellas son mis amigas.
Diese dort sind meine Freundinnen.

ÜBUNG 18

Schau dir bitte die Bilder an und wähle das jeweils passende Adjektiv oder Pronmen aus:

.... es mi pulsera.

¡............ es mi novio!

.... es mi casa.

¡............ vestido es mío!

PASO

CINCO

¿SER O NO SER?

SEIN ODER NICHT SEIN?

Die Frageform und die verneinte Form
Du oder Sie?
Die Farben
Adverbien des Ortes
Es gibt, es ist, es sind
Obst
¿Hay o está/n?

5

PASO CINCO

¿SER O NO SER?

FORMA INTERROGATIVA Y NEGATIVA
DIE FRAGEFORM UND DIE VERNEINTE FORM

Wie du bereits gesehen hast, ist es ein Kinderspiel, im Spanischen eine Frage zu erkennen: Sie wird immer durch ein Fragezeichen am Satzanfang eingeleitet.

Tú eres alemán.
Du bist Deutscher. (Hier wird festgestellt, dass du Deutscher bist.)
¿Eres alemán?
Bist du Deutscher? (Hier stellt dir jemand eine Frage.)

Die Regel gilt auch für komplexere Sätze:

Tú eres hamburgués, ¿verdad? ¿Desde cuándo vives en Múnich?
Du bist Hamburger, stimmt's? Wie lange lebst du schon in München?

Im folgenden Satz beginnt die Frage in der Satzmitte, und das Fragezeichen signalisiert dir, dass du die Intonation ändern musst. Das erfährst du nicht erst am Ende dieses sehr langen Satzes, sondern genau da, wo es losgeht. Praktisch, oder?

David es rico, joven e inteligente, ¿será también simpático?
David ist reich, jung und intelligent, ob er wohl auch sympathisch ist?

Wenn er es nicht ist – also wenn du die verneinte Form benötigst – genügt es, dem Satz ein **no** hinzuzufügen. Dieses **no** steht immer vor dem Verb.

David es rico, joven e inteligente, pero *no* **es simpático.**
David ist reich, jung und intelligent, aber er ist nicht sympathisch.
David no es rico ni* joven ni inteligente y, además, *no* **es simpático.**
David ist weder reich, noch jung, noch intelligent und außerdem ist er auch nicht sympathisch.

***ni… ni** = weder… noch

ÜBUNG 19

Schreibe diese Sätze um. Bilde jeweils die entsprechende Frage und einen verneinten Satz.

1 Alicia baila en el baño todos los sábados.

FRAGESATZ ....

VERNEINTER SATZ ....

2 Conchita vive en el coche de Paco.

FRAGESATZ ....

VERNEINTER SATZ ....

3 El español es un idioma fácil.

FRAGESATZ ....

VERNEINTER SATZ ....

4 John Peter Sloan sabe hablar español.

FRAGESATZ ....

VERNEINTER SATZ ....

¿TÚ O USTED?
DU ODER SIE?

Wie im Deutschen kannst du auch im Spanischen eine Person mit du (**tú**) oder mit Sie (**usted**) anreden.
Du findest hier einen Dialog zwischen zwei Personen, die sich nicht kennen und sich eigentlich siezen sollten. Die Frau lässt aber von Anfang an die nötige Distanz vermissen. Am Ende sprechen die beiden miteinander, als würden sie sich schon ewig kennen.

In einer Arztpraxis. Ein junger Arzt und eine ältere Patientin.

ARZT Buenos días, ¿cuál es **su** nombre?
ROSA PÉREZ Rosa Pérez.
ARZT ¿Cuántos años **tiene**?

ROSA PÉREZ Pero ¿qué **te crees tú**, desvergonzado? A una señora no se le pregunta por la edad.

ARZT Lo siento, pero necesito saber **su** edad para el historial médico.

ROSA PÉREZ Ah... 93.

ARZT A ver, doña Rosa, ¿cómo **se encuentra**?

ROSA PÉREZ Me siento sola y cansada.

ARZT ¡Yo también!

ROSA PÉREZ ¡Ay, pobre! ¿Cómo **te llamas**?

ARZT Doctor Mendoza. Paco, para **usted**.

ROSA PÉREZ Paco, querido, me **puedes** tutear sin problemas.

ARZT Dime, Rosa, ¿está todo bien con **tu** vista?

ROSA PÉREZ Sí, ¿por qué **preguntas**?

ARZT Porque **estás** hablando con la lámpara.

ROSA PÉREZ Oh, **perdona**. No le pasa nada a mis ojos, es que estoy borracha.

ARZT ¿Por qué estás aquí?

ROSA PÉREZ Estoy esperando por una pizza.

ARZT **Mira**, esto es un hospital.

ROSA PÉREZ ¿**Ves** lo que te he dicho? ¡Estoy borracha!

ÜBUNG 20

Übersetze diese Sätze:

borracho (betrunken); **cansado** (müde); **enamorado** (verliebt); **lámpara** (Lampe)

1 Rosa está borracha y cansada.

....

2 El doctor no es una lámpara.

....

3 Rosa tiene 93 años y el doctor está muy solo.

....

4 Rosa y el doctor están en una clínica.

5 Rosa y el doctor están enamorados.

Beantworte jetzt diese Fragen ausführlich (nur mit "ja" oder "nein" antworten reicht nicht).

6 ¿Rosa es joven y está loca?

7 ¿El doctor está borracho?

8 ¿Rosa es una lámpara?

9 ¿El doctor está enamorado de Rosa?

10 ¿Esta historia es tonta?

LOS COLORES
DIE FARBEN

FARBE	COLOR	AUSSPRACHE
Schwarz	**NEGRO**	NEGRO
Weiß	**BLANCO**	BLANCO
Grau	**GRIS**	GRIS
Braun	**MARRÓN**	MA  ÓN
Blau	**AZUL**	ATHUL
Hellblau	**CELESTE**	THELESTE
Rot	**ROJO**	RO  O
Gelb	**AMARILLO**	AMARI  O
Violett	**VIOLETA**	BIOLETA
Grün	**VERDE**	BERDE
Orange	**NARANJA**	NARAN  A
Rosa	**ROSA**	ROSA

ADVERBIOS DE LUGAR
EINIGE ADVERBIEN DES ORTES

Dolores ist verliebt in John. Um ihn zu erobern hat sie beschlossen, ihm überall hin zu folgen. Wird unsere arme Heldin das Ziel ihrer Träume erreichen?

 **CERCA** nah	 **LEJOS** weit weg
 **ENCIMA/SOBRE** auf	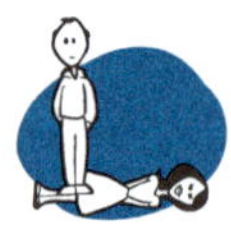 **DEBAJO** unter
 **ALREDEDOR** ringsherum	 **ENTRE** zwischen
 **DELANTE** vor	 **DETRÁS** hinter
 **DENTRO** (dr)innen	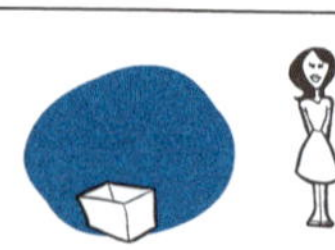 **FUERA** (dr)außen

HAY
ES GIBT, ES IST, ES SIND

"Es ist", "es gibt", "es sind": Im Spanischen musst du dafür nur ein Wort lernen: **hay**. Dabei unterscheidest du nicht, ob es um eine Sache bzw. Person geht, oder um mehrere - die Übersetzung lautet immer **hay**. Ganz leicht, oder? Ein paar Beispiele:

¿Cuántos pasajeros hay en el avión?
Wie viele Passagiere sind im Flugzeug?
En Alemania hay pocos niños.
In Deutschland gibt es wenig Kinder.
Hay dos monedas en tu bolsillo.
In deiner Tasche sind zwei Münzen.
No hay nada* que hacer.
Es ist nichts zu machen.
No hay nadie en casa.**
Es ist niemand zuhause.

*__Nada__ = nichts
**__Nadie__ = niemand

LA FRUTA
OBST

Hier findest du die spanische Übersetzung einiger Früchte, die du für die nächste Übung brauchst. Du sollst die Adverbien, die du gerade gelernt hast, anwenden.

plátano = Banane	**fresa** = Erdbeere	**higo** = Feige
manzana = Apfel	**sandía** = Wassermelone	**piña** = Ananas
pera = Birne	**melón** = (Zucker)melone	**naranja** = Orange
melocotón = Pfirsich	**cereza** = Kirsche	**kiwi** = Kiwi

ÜBUNG 21

Jetzt bist du an der Reihe. Du darfst alles, was du bisher gelernt hast (es gibt, es ist, es sind, Singular und Plural, Obst, Farben und Adverbien des Orts), anwenden und die Sätze vervollständigen. Beachte dabei, dass es auch für die Farben eine Pluralform gibt. Außerdem brauchst du Phantasie: John Peter Sloan hat alle Farben aus dem Buch genommen und uns nur Schwarz und Blau übrig gelassen…

1 HAY TRES MELOCOTONES ROJOS DENTRO DE LA BARRIGA DEL OSO

2 .... Piedad y Remedios.

3 .... de la mesa.

4 .... de John.

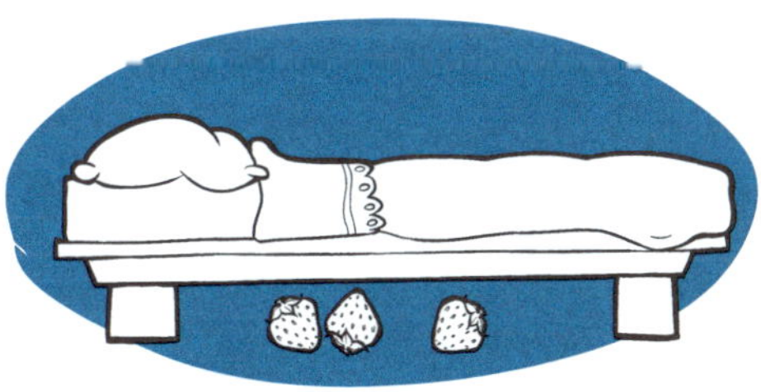

5 .... de la cama.

Esta canción es del año de la pera.
Dieses Lied ist uralt.
No puedes pedir peras al olmo.
Du kannst nicht das Unmögliche verlangen.

ÜBUNG 22

Stell dir Geigenmusik vor, Wellen, die sich an den Klippen brechen, und eine liebliche Stimme… Und übersetze diese Sätze. Die Wörter in Klammern helfen dir dabei.

1 Wenn (**si**) du weit weg bist, gibt es nichts…

....

2 Der Kühlschrank (**frigorífico**) ist leer (**vacío**), niemand ist im Bett (**en la cama**)…

....

3 Es gibt keine Vögel (**pájaros**), es gibt keine Blumen (**flores**), es gibt keine Worte (**palabras**)…

....

4 Es gibt nur Tränen (**lágrimas**)…

....

¿HAY O ESTÁ/N?

Du kennst jetzt die Verben **estar** und **hay**, und möglicherweise bist du etwas durcheinander. Wann nimmt man das eine, wann das andere?

HAY	ESTÁ/N
Hay = es gibt, es ist, es sind **Hay** ist ein unpersönliches Verb. Man verwendet es ausschließlich, um mitzuteilen, dass es etwas oder jemanden gibt (es geht um das Dasein). Bis dahin wusste man nicht, dass dieses Etwas existierte.	**Está** = ist, befindet sich **Están** = sind, befinden sich **Está** bzw. **están** verwendet man, um anzugeben, wo sich etwas oder jemand befindet (es geht um den Ort). Von dieser Sache oder Person wussten wir aber schon, dass es sie gibt - nur nicht genau wo.
Encima de la mesa hay una taza. Auf dem Tisch ist eine Tasse.	**La taza está* encima de la mesa.** Die Tasse ist auf dem Tisch.
Debajo de mi casa hay un bar. Unter meiner Wohnung gibt es eine Kneipe.	**El bar está* debajo de mi casa.** Die Kneipe ist unter meiner Wohnung.
En mi casa no hay nadie. Bei mir zu Hause ist niemand.	**Todos están** fuera.** Alle sind draußen.
Hay ist im Singular und im Plural unveränderlich.	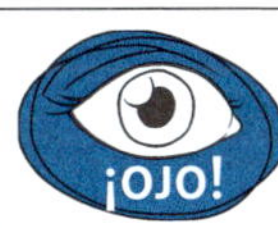 *Im Singular verwendest du **está** **Im Plural verwendest du **están**

ÜBUNG 23

¿Hay, está o están? Wähle die richtige Antwort.

sopa (Suppe); **conejo** (Kaninchen); **cama** (Bett); **pasillo** (Korridor)

1 **Camarero, ¡…………………… una mosca en mi sopa!**
2 **¿Dónde …………………… el conejo?**
3 **París …………………… en Francia.**
4 **En Francia …………………… muchos franceses.**
5 **En mi cama no …………………… nadie.**
6 **Mi marido …………………… en la calle.**

¡OJO!

Viele, die Spanisch lernen wollen, geben an diesem Punkt auf, weil sie noch nicht alles verstanden haben. Vergiss nicht, dass das Eis gerade am Brechen ist, und dass Spanisch – wenn du erst einmal im Wasser gelandet bist – nicht nur schön, sondern sogar unterhaltsam ist.
Wir machen jetzt einen Test um zu sehen, wo du stehst. Wenn du genau 15 der 20 Sätze übersetzen kannst, machst du weiter. Hast du weniger als 15 richtige Sätze, blätterst du nochmals zurück und wiederholst das Gelernte. Keine Sorge: Jeder kommt in seinem eigenen Tempo voran. Wenn du die Erklärungen zum zweiten Mal liest, geht alles viel einfacher und schneller.
Radio, Fernseher, Handy ausschalten... **Sombrero** aufgesetzt und... Konzentration! **¿Estás listo? ¡Vamos!**

ÜBUNG 24
MEGATEST

Bist du bereit für diesen ersten großen Test? Bevor du beginnst, schenken wir dir zwei neue Ausdrücke.

Pues bien/Entonces = Diese Ausdrücke verwendest du, um das Thema zu wechseln. Es entspricht in etwa dem deutschen "also gut".

¡Anda! = Das ist ein Ausruf der Überraschung, wie "na, so was!" im Deutschen.

Protagonisten sind der Franzose Alain Delon (*A*) und Gertrude (*G*), eine Deutsche. Unsere Kommentare in Klammern musst du nicht übersetzen.

porque (weil); **tal vez** (vielleicht); **romántico/a** (romantisch); **guapo** (hübsch); **noche** (Nacht); **¡bebe!** (trink!); **hermano** (Bruder)

1 A: Hallo!

2 G: Guten Tag.

3 A: Du bist sehr hübsch! Wie heißt du?

4 G: Gertrude, ich bin Deutsche und bin gelangweilt, und du?

5 A: Ich heiße Alain Delon, bin alt, glücklich und Franzose. (Wenn sie vorher gelangweilt war, was ist sie dann jetzt wohl?)

6 G: Na, so was! Wie spät ist es bitte?

7 A: Die Sonne scheint!

8 G: Also gut! Wie spät ist es bitte?

9 A: Es ist zwei Uhr.

10 G: Danke.

11 A: Du bist sehr dünn. Hast du Hunger? (Ja, die Franzosen wissen eben, wie man mit einer Frau flirtet...)

12 G: Nein danke, Alain, ich bin nur gelangweilt. (Wir sind es mittlerweile auch.)

13 A: Oh, Gertrude, ich bin verrückt und betrunken, aber ich liebe dich.

14 G: Du bist sehr romantisch, und du bist hübsch... aber du bist Franzose. Tut mir leid.

15 A: Du bist nicht betrunken. Trink, trink!

16 G: Was für eine Hitze und was für ein Wind! Die Nacht ist so romantisch... Wo ist dein Bruder?

....

17 A: Meine (mis) zwei Brüder sind nicht da, weil sie traurig und müde sind.

....

18 G: Ich bin nicht betrunken und ich bin nicht dumm, ich bin keine Deutsche und ich bin keine Frau.

....

19 A: Und was bist du?

....

20 G: Ich bin nur gelangweilt.

....

Bravo. Im Spanischen steht dieses Adjektiv für etwas Wildes, Ungezähmtes. Man verwendet es überwiegend im Zusammenhang mit Tieren.
Der **toro bravo** zum Beispiel ist kein besonders braver Stier, wie du das vielleicht vermuten würdest. Im Gegenteil, es handelt sich hier um einen "wilden Stier".
¡Bravo! ruft man aber - wie im Deutschen - auch, um seinem Applaus Ausdruck zu verleihen. Jetzt, wo du am Ende dieses Kapitels angelangt bist, verdienst du diesen Applaus wirklich: **¡Bravo!**

PASO

SEIS

TENGO FAMILIA

DIE FAMILIE

Die Familie
Possessivbegleiter
Haustiere
Haben
Das Gesicht
Müssen
Tiere

6

PASO SEIS

TENGO FAMILIA

LA FAMILIA
DIE FAMILIE

Dime qué familia tienes y te diré quién eres: Sag mir, was für eine Familie du hast, und ich sage dir, wer du bist. In Spanien sind die Familienbande eng - oder zumindest enger als in England.

ANMERKUNG DES HERAUSGEBERS

Der Verlag entschuldigt sich vielmals bei Frau Sloan, Johns Mutter...

Wer gehört zur Familie? Beginnen wir mit den engsten Familienangehörigen. **Padre** und **madre**, die zueinander **marido** und **mujer** sein können, können einen **hijo** (Sohn), eine **hija** (Tochter) oder mehrere **hijos** (Kinder) haben. Diese **hijos** sind untereinander **hermanos** (Geschwister) (handelt es sich ausschließlich um Schwestern, spricht man selbstverständlich von **hermanas**).

Darüber hinaus gibt es **el abuelo** (Großvater) und **la abuela** (Großmutter), **el tío** (Onkel), **la tía** (Tante) und deren Kinder, die **primos** (die Cousins).

¡OJO!

Padres bedeutet nicht nur "Väter", sondern auch "Eltern" (alle beide): **Mi padre y mi madre son mis padres.**

novio/novia* = Freund/Freundin
sobrino/sobrina = Neffe/Nichte
nieto/nieta = Enkel/Enkelin

*Manchmal (wenn man Glück hat) gehören auch sie zur Familie.

Wenn dir diese Verwandtschaftsbezeichnungen noch nicht ausreichen, blättere weiter zum **Abschnitt EyE** am Ende des Buches. Dort kannst du das Thema vertiefen.

EyE 10 **Familia**

ÜBUNG 25

Jetzt kannst du versuchen, die Sätze zu übersetzen und zu erraten, wer gerade spricht.

Mis padres tienen un hijo muy inteligente.

MEINE ELTERN HABEN EINEN SEHR INTELLIGENTEN SOHN.

1 Mi hermana tiene un hermano muy guapo.

....

2 Mis tíos tienen un sobrino muy famoso.

....

3 Mis primos tienen un primo que es un genio.

....

4 Mi abuela tiene un nieto muy joven.

....

5 Mi novia Concy tiene un novio muy inglés.

....

ÜBUNG 26

Ergänze die folgenden Sätze mit einem Adjektiv (Adjektive, deren spanische Übersetzung du nicht kennst, kannst du im Wörterbuch nachschlagen).

1 Mi padre es ....
2 Mi madre es ....
3 Mi hermana es ....
4 Mi hermano es ....
5 Mi hijo es ....
6 Mi hija es ....
7 Mi marido es ....
8 Mi exnovio es ....
9 Mi esposa es ....
10 Mi exnovia es ....

ADJETIVOS POSESIVOS
POSSESSIVBEGLEITER

Possessivbegleiter brauchst du, um den Besitz von Gegenständen, Tieren oder Personen anzugeben. Sie stimmen in Zahl und Geschlecht mit dem Substantiv überein. Possessivbegleiter sind ggf. veränderlich – je nachdem, ob sie vor oder nach dem Nomen stehen, auf das sie sich beziehen. Schauen wir sie an:

- **Unbetonte Possessivbegleiter**
  Sie stehen immer vor dem Nomen.

PERSON	SINGULAR	PLURAL
YO	**MI**	**MIS**
TÚ	**TU**	**TUS**
ÉL, ELLA, USTED	**SU**	**SUS**
NOSOTROS (AS)	**NUESTRO (A)**	**NUESTROS (AS)**
VOSOTROS (AS)	**VUESTRO (A)**	**VUESTROS (AS)**
ELLOS (AS), USTEDES	**SU**	**SUS**

Mi padre es viejo.
Mein Vater ist alt.
Tus padres son jóvenes.
Deine Eltern sind jung.
Su novio es mi tío.
Ihr Freund ist mein Onkel.
Nuestra tía está loca.
Unsere Tante ist verrückt.
Vuestros nietos son insoportables.
Eure Enkel sind unerträglich.
Sus hijos también.
Ihre Kinder ebenfalls.

ÜBUNG 27

Übersetze die folgenden Sätze und verwende dabei die passenden Possessivbegleiter. Außerdem musst du dich entscheiden, ob du **ser** oder **estar** benötigst. Einige Wörter schenken wir dir für diese Übung:

calcetín (Socke); **sucio** (schmutzig); **abierto** (geöffnet); **botella** (Flasche); **llena** (voll); **celosa** (eifersüchtig)

1 Meine Freunde sind verrückt.

....

2 Ihre Socken sind schmutzig.

....

3 Unsere Bücher sind geöffnet.

....

4 Deine Kinder sind alt.

....

5 Eure Flaschen sind voll.

....

6 Ihre Großeltern sind unerträglich.

....

7 Meine Exfreundin ist eifersüchtig.

....

8 Meine neuen Freundinnen nicht.

....

- **Betonte (oder starke) Possessivbegleiter**

Sie stehen immer hinter dem Nomen und verleihen dem Besitzgedanken besonderen Nachdruck.

PERSON	SINGULAR	PLURAL
YO	**MÍO(A)**	**MÍOS(AS)**
TÚ	**TUYO(A)**	**TUYOS(AS)**
ÉL, ELLA, USTED	**SUYO(A)**	**SUYOS(AS)**
NOSOTROS (AS)	**NUESTRO (A)**	**NUESTROS (AS)**
VOSOTROS (AS)	**VUESTRO (A)**	**VUESTROS (AS)**
ELLOS (AS), USTEDES	**SUYO (A)**	**SUYOS (AS)**

John no es amigo mío.
John ist nicht mein Freund.
No soporto ese novio tuyo.
Diesen Freund von dir ertrage ich nicht.
Salimos con dos primas suyas.
Wir gehen mit zwei seiner/ihrer Cousinen aus.
Un tío nuestro vive en el bar.
Ein Onkel von uns lebt in der Bar.
John es amigo vuestro, no nuestro.
John ist ein Freund von euch, nicht von uns.
Estos son hijos suyos, no míos.
Das sind ihre Kinder, nicht meine.

ÜBUNG 28

Diese Sätze darfst du übersetzen und dabei wieder die passenden Possessivbegleiter verwenden. Auch hier geben wir dir eine kleine Hilfestellung:

perro (Hund); **quién** (wem, wer)

1 Dieser Hund von dir gefällt mir nicht.

....

2 Dieser Hund da ist nicht meiner.

....

3 Und wem gehört er?

....

4 Er gehört Juan.

....

5 Und wer ist Juan?

....

6 Er ist ein Freund von uns.

....

MASCOTAS
HAUSTIERE

Für viele Menschen gehören Haustiere zur Familie. Manche gehen so weit, ihr Kaninchen oder ihren Papagei an der Leine auszuführen. Ob du nun ein Tierfreund bist oder nicht, versuche bitte, die Namen unserer tierischen Freunde zu lernen. **¡Aquí los tienes!** (Hier sind sie!)

el gato = Katze
el perro = Hund
el pájaro = Vogel
el pajarito = Vögelchen
el pez = Fisch
el caballo = Pferd
el hámster = Hamster
la tortuga = Schildkröte
el conejo = Kaninchen
el burro = Esel

Perro ladrador, poco mordedor.
Hunde, die bellen, beißen nicht.
Aquí hay gato encerrado.
Hier ist etwas faul.

Und hier ein paar weniger domestizierte Tiere…
la serpiente = Schlange
el cerdo = Schwein
la ardilla = Eichhörnchen
el tigre = Tiger
el loro = Papagei
la rana = Frosch
el camaleón = Chamäleon

TENER
HABEN

Kommen wir zu einem der wichtigsten unregelmäßigen Verben im Spanischen. **Tener** ist ein Verb, das je nach Kontext unterschiedliche Funktionen einnimmt und unterschiedliche Bedeutungen hat. Vor allem aber entspricht es dem deutschen Verb "haben". Zuallererst werfen wir einen Blick darauf, wie **tener** konjugiert wird. **¡Cuidado, es un verbo irregular!** (Achtung, es ist ein unregelmäßiges Verb!)

	ESPAÑOL
YO	**TENGO**
TÚ	**TIENES**
ÉL, ELLA, USTED	**TIENE**
NOSOTROS (AS)	**TENEMOS**
VOSOTROS (AS)	**TENÉIS**
ELLOS (AS), USTEDES	**TIENEN**

• Mit **tener** bezieht man sich auf etwas, das man hat bzw. besitzt (sowohl im abstrakten als auch im materiellen Sinn).

Tengo un coche rojo fuego.
Ich habe ein feuerrotes Auto.
Ella tiene una sonrisa preciosa.
Sie hat ein entzückendes Lächeln.
Tienes mi palabra de honor.
Du hast mein Ehrenwort.
Tienes dos amigas encantadoras.
Du hast zwei reizende Freundinnen.
El domingo tenemos una fiesta.
Am Sonntag feiern wir eine Party.
No tengo noticias suyas.
Ich habe keine Nachrichten von ihm.

• Man verwendet **tener** auch, wenn es ums Alter und um physische oder psychische Eigenschaften oder um Empfindungen geht.

Susana tiene cinco años.
Susana ist fünf Jahre alt.
Susana tiene el pelo rubio.
Susana hat blondes Haar.
Susana tiene dolor de cabeza.
Susana hat Kopfschmerzen.
Susana tiene miedo.
Susana hat Angst.
Susana tiene atractivo.
Susana hat Charme.

Und hier noch die häufigsten Wendungen mit **tener**:

• Körperliche Emfpindungen

tener hambre = Hunger haben
tener sed= Durst haben
tener frío = frieren
tener calor = schwitzen
tener sueño = müde sein (schläfrig sein)
tener gripe = die Grippe haben
tener dolor de...
cabeza = Kopfschmerzen haben
espalda = Rückenschmerzen haben
estómago = Magenschmerzen haben
oído = Ohrschmerzen haben
muelas = Zähneschmerzen haben

Das Wort **oído** verwendet man im Zusammenhang mit Schmerzen und um sich auf die Funktion des Organs zu beziehen (**tener buen oído**= musikalisch sein/ein gutes Gehör haben). Für "Ohren" verwendet man das Wort **orejas**. Das Wort **muelas** (Backenzahn) wird auch in Zusammenhang mit Schmerzen verwendet, sonst redet man normalerweise von **dientes**.

• Weitere Ausdrücke:

tener confianza = Vertrauen haben
tener cuidado = aufpassen
tener la culpa = schuld sein
tener miedo = Angst haben
tener prisa = in Eile sein
tener razón = Recht haben
tener suerte = Glück haben

Die folgende idiomatische Wendung im Spanischen solltest du nicht zu wörtlich nehmen. Sie hat nichts zu tun mit dem deutschen Ausdruck "Haare auf den Zähnen haben" - und erst recht nichts mit Haaren auf der Zunge!

No tener pelos en la lengua.
Kein Blatt vor dem Mund nehmen, die Dinge also beim Namen nennen.

Ein weiterer Ausdruck, den du sicher brauchen kannst, ist **tener ganas de**, "Lust haben auf". Darauf folgt ein Nomen oder ein Verb im Infinitiv.

Tengo ganas de dormir.
Ich habe Lust zu schlafen.
Tengo ganas de salir.
Ich habe Lust auszugehen.
Tengo ganas de aventura.
Ich habe Lust auf ein Abenteuer.
No tengo ganas de nada.*
Ich habe zu nichts Lust.

* Im Spanischen brauchen Adverbien und Pronomen der Verneinung eine doppelte Verneinung, wenn sie nach dem Verb stehen. (z. B. **nada**, **nunca**, **nadie** usw.).

Wenn du auf etwas Lust hast, kannst du auch sagen **me apetece.**

Me apetece una pizza.
Ich habe Lust auf eine Pizza.
¿Te apetece ir al cine?
Hast du Lust, ins Kino zu gehen?
No me apetece cocinar.
Ich habe keine Lust zu kochen

ÜBUNG 29

Vervollständige die Sätze wie im Beispiel. Verwende dabei den passenden Ausdruck mit **tener**.

Ich habe die letzten Nächte schlecht geschlafen.

TENGO SUEÑO.

1 Es gibt ein Monster im Haus.

....

2 Ich habe im Lotto gewonnen.

....

3 Ich renne immer zur Arbeit.

....

4 Es ist Winter und ich lebe in Alaska.

....

5 Gestern ist es spät geworden und ich habe zu viel getrunken.

....

ÜBUNG 30

Jetzt darfst du übersetzen und dabei das Verb in der richtigen Person verwenden.

1 Ich habe Hunger, bin müde, traurig und allein.

....

2 Sie haben Angst und Lust zu schreien (gritar).

....

3 Du hast es eilig und wenn du rennst, hast du Rückenschmerzen.

....

4 Wir haben Zahnschmerzen, aber wir nehmen kein Blatt vor den Mund.

....

5 Ihr habt Recht, aber ihr habt kein Glück.

....

6 Sie ist attraktiv und hat die Grippe.

....

LA CARA
DAS GESICHT

Wir kommen jetzt zu den Bezeichnungen für verschiedene Teile des Gesichts. Schau dir Johns Bild an und lies dann die Beschreibung unten.

John tiene las orejas grandísimas (cuando hace viento, a veces sale volando como un avión). Su nariz también es excesivamente grande y su boca es pequeña, con unos labios finos. Sus dientes son muy blancos, parecen falsos. Sus ojos... sí, tiene ojos, y los pocos pelos que le quedan en la cabeza son casi todos blancos.
(Wenn du Fußballfan bist, hast du dich bestimmt auf der Stelle in die Silhouette dieses Mannes verliebt.)

Wir danken John dafür, dass er uns sein Bild für die Vermittlung einiger Vokabeln zur Verfügung gestellt hat.

ÜBUNG 31

Vervollständige die Zeichnung, indem du die entsprechenden Vokabeln an den dafür vorgesehenen Stellen einträgst.
Orejas, nariz, boca, labios, dientes, ojos, pelo, cabeza

Weitere Vokabeln rund ums Gesicht findest du im **Abschnitt EyE** am Ende des Buches.

EyE 11 **Partes de la cara**

ÜBUNG 32

Übersetze diese Sätze und verwende dabei die korrekte Form von **tener**. Ein paar neue Wörter geben wir dir als Hilfestellung.

sombrero (Hut); **pelo** (Haar); **dinero** (Geld); **entradas** (Eintrittskarten); **para** (für); **concierto** (Konzert); **coche** (Auto)

1 Ich bin zufrieden, weil ich einen roten Hut habe.

....

2 Ich habe keine Haare.

....

3 Sie haben viel Arbeit und sind glücklich.

....

4 Hast du Lust, hochzugehen?

....

5 Er ist traurig, weil er kein Geld hat.

....

6 Sie sind wütend, weil sie keine Eintrittskarten für das Konzert haben.

....

7 Sie ist in Eile, weil ihr Vater kein Auto hat.

....

8 Ich habe viel Glück, weil ich mit dir zusammen bin.

....

TENER QUE
MÜSSEN

Tener benutzt man auch, wenn von einer Verpflichtung die Rede ist. Die Form lautet dann **tener que**, und das Verb, um das es geht, steht im Infinitiv.

	TENER QUE	
YO	**TENGO**	**QUE + INFINITO**
TÚ	**TIENES**	
ÉL, ELLA, USTED	**TIENE**	
NOSOTROS (AS)	**TENEMOS**	
VOSOTROS (AS)	**TENÉIS**	
ELLOS (AS), USTEDES	**TIENEN**	

Tener que verwendet man für:

• eine Verpflichtung, die sich durch äußere Umstände oder aus einem persönlichen Bedürfnis ergibt:

Tienes que estudiar para el examen.
Du musst für die Prüfung lernen.

• einen Ratschlag oder eine Empfehlung:

Tienes que comer más fruta.
Du solltest mehr Obst essen.

• eine logische Schlussfolgerung:

No está en casa. Tiene que haber salido.
Er ist nicht zu Hause. Er muss ausgegangen sein.

ÜBUNG 33

Maria und Juan haben einiges zu tun. Verwende hier die Form für Verpflichtungen **tener que + infinito**, wie im Beispiel.

Mañana María y Juan tienen un examen ⟶ estudiar.

MARÍA Y JUAN TIENEN QUE ESTUDIAR.

1 Mañana se van de viaje ⟶ hacer las maletas (Koffer).

2 No tienen comida en el frigorífico (Kühlschrank) ⟶ hacer la compra.

3 Tienen un cumpleaños el viernes ⟶ comprar un regalo.

4 El sábado van al cine ⟶ elegir la película (einen Film aussuchen).

5 Su casa está sucia ⟶ limpiar (putzen) la casa.

¡Qué rollo! Diesen Ausdruck nimmst du, wenn etwas oder jemand unangenehm oder lästig ist. Übersetzen kannst du ihn mit "wie nervig", "wie blöde".

DAS WUSSTE ICH!
DAS ERSTE, WAS EIN ENGLÄNDER IN SPANIEN ZU HÖREN BEKOMMT IST "¿CERVEZA?"
DANN KOMMT "¡QUÉ ROLLO!"...
UND DANN KOMMT DIE POLIZEI.

ANIMALES
TIERE

Als Hilfestellung für die nächste Übung kommen wir nochmals auf das Thema Tiere zurück. Hier haben wir eine weitere Liste bestialischer Vokabeln für dich:

la abeja = Biene
el caballo = Pferd
la cabra = Ziege
el camello = Kamel
el cocodrilo = Krokodil
el conejo = Kaninchen
el delfín = Delphin
la gallina = Huhn
el león = Löwe
el lobo = Wolf
el mono = Affe
el oso = Bär
la oveja = Schaf
el pato = Ente
el pollo = Hähnchen
el tiburón = Hai
el toro = Stier
la vaca = Kuh

ÜBUNG 34

Machen wir einen Besuch bei der Verwandtschaft auf dem Land! Vier Bauern - jeder mit eigenem Hof - lieben es, ihre Tage arbeitend und singend zu verbringen. Manchmal streiten sie, weil sie miteinander konkurrieren und jeder von ihnen der Größte sein möchte. Übersetze bitte ihr Gespräch.

¿y qué? (na und?); **ganar** (gewinnen); **¿en serio?** (wirklich?); **incluida** (einschließlich); **no te olvides** (vergiss nicht); **igual** (gleich); **la misma** (dasselbe)

Álvaro (A), Carlos (C), Miguel (M), Javier (J).

A Hey! Ich habe zwei Ziegen und zwei Kühe. Und du?

....

C Ich habe drei Schweine, fünf Stiere und einen neuen Hund. Na und?

....

M Buuhh! Sie haben nur alte Tiere. Ich habe 13 Hühner und 70 Bienen.

....

J Wirklich? Ich habe 17 weiße Pferde und einen kleinen Affen ohne Bananen.

....

M Hey! Vergiss nicht! Ich habe auch 40 Kamele, meine Frau eingeschlossen.

....

A Ja, aber ich habe eine Frau und ein Krokodil; sie haben beide dasselbe Maul.

....

J Meine schwarzen Kaninchen sind wunderschön, und meine Schafe sind so nett…

....

A Nein, du hast weder schwarze Kaninchen noch nette Schafe.

....

J Warum?

....

A Frag (Pregúntale a) meinen neuen Wolf.

....

Vielleicht ist dir noch gar nicht aufgefallen, welch weiten Weg du schon zurückgelegt hast. Die Hälfte der Arbeit liegt bereits hinter dir. Keine Panik, wenn du unterwegs etwas vergessen hast – das ist völlig normal. Du solltest dann allerdings zurückgehen, um es wieder einzusammeln.

A caballo regalado no le mires el diente.
Einem geschenkten Gaul schaut man nicht ins Maul.
Camarón que se duerme se lo lleva la corriente.
Den Letzten beißen die Hunde.

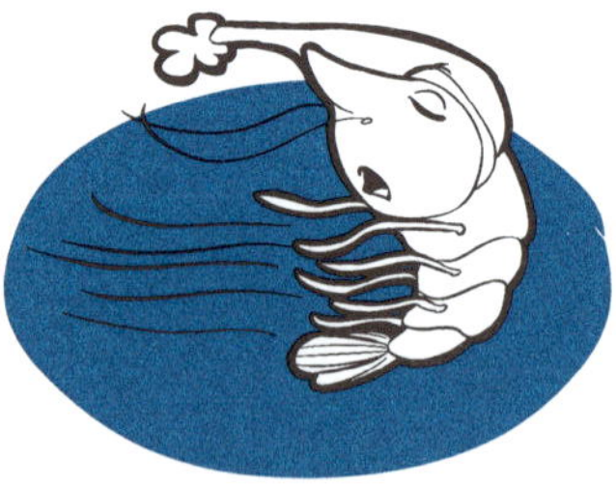

PASO

SIETE

IM REICH DER ZWILLINGE

Hören und zuhören
Höflichkeitsfloskeln
Im Restaurant
Gehen und kommen
¿De o desde?
Mitnehmen und mitbringen
Lernen
Für, wegen, um zu
Aber und sondern

7

PASO SIETE

IM REICH DER ZWILLINGE

Das Eis ist gebrochen, du darfst jetzt mit Leib und Seele in die spanische Sprache eintauchen. In diesem Kapitel lernst du einige Verbpaare und

wichtige Ausdrücke kennen. Manche von ihnen sind zweieiige Zwillinge: Im Deutschen haben sie nur eine Bedeutung, im Spanischen gibt es dafür zwei unterschiedliche Wörter. Bist du bereit? **¡Vamos!**

OÍR UND ESCUCHAR
HÖREN UND ZUHÖREN

Genau wie im Deutschen besteht auch im Spanischen ein großer Unterschied zwischen hören (**oír**) und zuhören (**escuchar**). Im Megatest im ersten Teil des Buches hört Alain Delon zum Beispiel, dass Gertrude spricht, aber er hört ihr nicht zu (wir haben den starken Verdacht, dass er nicht der Einzige ist, der sich so verhält…).
Bei **oír** ist das Gehör beteiligt, es geht um eine unbewusste Handlung. **Escuchar** dagegen ist die bewusste Anstrengung, zuzuhören – also das aufzunehmen, was du hörst. In gewissem Sinne können wir sagen, dass bei **oír** die Ohren ausreichen, während bei **escuchar** auch Konzentration gefragt ist.
Oír ist ein unregelmäßiges Verb. Wie man es konjugiert, kannst du im **Abschnitt EyE** am Ende des Buches nachlesen.

Verbos

Ein paar Beispiele:

Oigo unas voces en mi cuarto.
Ich höre Stimmen in meinem Zimmer.

¡No te oigo!
Ich höre dich nicht!
Me gusta escucharte cuando hablas.
Ich höre dir gerne zu, wenn du redest.
Escucho a la profesora solo cuando me apetece, el resto del tiempo solo la oigo.
Ich höre der Lehrerin nur zu, wenn ich Lust habe, die restliche Zeit höre ich sie nur.

EXPRESIONES DE CORTESÍA
HÖFLICHKEITSFLOSKELN

Bevor wir loslegen, noch ein paar Höflichkeitsfloskeln, die du in einem Gespräch vielleicht brauchen kannst.

• **por favor**

Por favor heißt "bitte" und steht entweder am Anfang oder am Ende des Satzes.

¿Me pasas la sal, por favor?
Reichst du mir bitte das Salz?
Por favor, ¿me pasas la sal?
Reichst du mir das Salz, bitte?

Mit **por favor** kannst du auch jemanden auffordern, sich zu bedienen, sich zu setzen, vorbeizugehen oder es sich bequem zu machen. Wenn du zum Beispiel im Bus einer älteren Dame deinen Sitzplatz anbietest, sagst du: **Por favor, señora** ("Bitte, die Dame").

• **gracias**
Entspricht dem deutschen "danke" (Wann und wie du es einsetzt, vertrauen wir deiner guten Erziehung an).

• **de nada/no hay de qué**
Das ist die gängigste Erwiderung auf **gracias** und heißt "bitte" oder auch "keine Ursache".

> **Gracias por tu ayuda.**
> Danke für deine Hilfe
> **De nada/No hay de qué.**
> Bitte/Keine Ursache.

Wenn du dich entschuldigen möchtest, kannst du sagen:

perdona/disculpa (TÚ)	**perdone/disculpe** (USTED)
Wenn du die Person kennst, oder in einer zwanglosen Situation.	In einer formellen Situation, wenn du jemanden siezt.
Perdona/Disculpa John, no puedo llamarte hoy. Entschuldige John, ich kann dich heute nicht anrufen.	**Perdone/Disculpe, olvida su recibo.** Entschuldigen Sie, Sie haben ihren Kassenbon vergessen.

Wie du bereits gelernt hast, ist **lo siento** (es tut mir leid) eine andere Möglichkeit, um Entschuldigung zu bitten.

ÜBUNG 35

Wähle für jede Situation die passende Höflichkeitsfloskel aus. Achte dabei darauf, ob das Verb in der zweiten Person (**tú**) oder in der Höflichkeitsform (**usted**) steht.

1 Du bist in einem überfüllten Supermarkt und trittst aus Versehen einem Herrn auf den Fuß.

……………………………………, señor.

2 Du bist unterwegs und musst wissen, wie spät es ist.

……………………………………, ¿tiene hora?

3 Du bist mit einem Freund beim Abendessen und bittest ihn, dir das Brot zu reichen.

……………………………………, ¿me pasas el pan?

4 Jemand lädt dich zu einem Geburtstagsessen ein, aber du hast keine Lust zu gehen. Du erfindest eine dieser Ausreden, die man in einem solchen Fall verwendet.

……………………………………, pero tengo que darle de comer al perro (ich muss den Hund füttern). …………………………………… por la invitación.

Bevor wir fortfahren, brauchst du neue Wörter. Womit beginnen wir? Das Wichtigste, wenn du in neues Land kommst, ist selbstverständlich das Essen. Manchmal ist hier der Spruch "andere Länder, andere Sitten" durchaus angebracht. Wusstest du zum Beispiel, dass viele Spanier ihre Nudeln gegen die Wand werfen, um zu prüfen, ob sie gar sind? Kein Kommentar hierzu...

EN EL RESTAURANTE
IM RESTAURANT

So kann eine Speisekarte in Spanien aussehen:

PRIMER PLATO	SEGUNDO PLATO	POSTRE	BEBIDAS
Gazpacho	Pollo	Arroz con leche	Vino blanco/tinto
Patatas aliñadas	Tortilla de patatas	Flan de huevo	Cerveza
Ensalada mixta	Pescado frito	Tarta de chocolate	Agua con/sin gas
Croquetas de jamón	Empanada de atún	Crema catalana	

Und dieses Gespräch zwischen einem **camarero** (C) und **dos clientes** (A und B) könntest du vielleicht hören.

C **Buenas noches*, ¿qué desean [ustedes]?**
Guten Abend, was wünschen Sie?

A **Buenas noches, para mí un gazpacho y de segundo una empanada de atún, por favor.**
Guten Abend, für mich ein Gazpacho und als Hauptgang bitte eine Empanada (gefüllte Teigpastete).

C **Muy bien, ¿y para usted, señora?**
Sehr gut, und für Sie, meine Dame?

B **Para mí una ensalada mixta y una tortilla de patatas, por favor.**
Für mich bitte einen gemischten Salat und ein Kartoffelomelette.

C **¿Y de beber, qué desean?**
Und was möchten Sie trinken?

A **Una botella de vino tinto, gracias.**
Eine Flasche Rotwein, danke.

C **El postre lo eligen después**, ¿verdad?**
Das Dessert wählen Sie später aus, oder?

B **Sí, por favor.**
Ja, bitte.

C **Muy bien, gracias.**
Sehr gut, danke.

A **A usted.**
Ebenfalls.

***Buenas noches**: Du kannst stattdessen auch **buenas tardes** sagen. In Anbetracht der Tatsache, dass die Spanier niemals zu einer anständigen Uhrzeit zu Abend essen (und 21 Uhr betrachten wir noch als anständige Uhrzeit), ist **buenas noches** eher angebracht.

****después** = später, nachher / **antes** = vorher

ÜBUNG 36

Jetzt darfst du beim **camarero** etwas bestellen. Wähle hierzu unter den Gerichten der Speisekarte etwas aus.

C Buenas tardes, ¿qué desea beber?

....

C Muy bien. Y para empezar, ¿qué le apetece? (Und was hätten Sie gerne für den Anfang?)

....

C De acuerdo, ¿y de segundo?

C Estupendo. ¿Desea algo más?

Eine kurze Wortliste zum Thema Essen findest du im **Abschnitt EyE** am Ende des Buches.

EyE 12 **Comida**

IR Y VENIR
GEHEN UND KOMMEN

Ir (gehen) und **venir** (kommen) sind die zwei wichtigsten Verben der Bewegung.

¿Adónde vas?
Wohin gehst du?
Voy al restaurante.
Ich gehe ins Restaurant.
¿Quieres venir?
Möchtest du mitkommen?

Ir und **venir** sind zwei unregelmäßige Verben. Man konjugiert sie so:

	IR	VENIR
YO	**VOY**	**VENGO**
TÚ	**VAS**	**VIENES**
ÉL, ELLA, USTED	**VA**	**VIENE**
NOSOTROS (AS)	**VAMOS**	**VENIMOS**
VOSOTROS (AS)	**VAIS**	**VENÍS**
ELLOS (AS), USTEDES	**VAN**	**VIENEN**

Der Unterschied zwischen diesen beiden Verben ist klar – da müssen wir nicht viel erklären. Ihr Gebrauch ist allerdings nicht immer gleich wie im Deutschen: Manchmal verhalten sie sich wie falsche Freunde, dann wieder nicht.
Im Deutschen ist es zum Beispiel völlig normal, zu einem Freund zu sagen: "Kann ich zu dir (nach Hause) kommen?", obwohl du gerade nicht bei ihm zu Hause bist. Im Spanischen ist das nicht möglich. Bist du im Augenblick des Sprechens nicht bei ihm zu Hause, musst du sagen: **¿Puedo ir a tu casa?**

¡OJO!

Ausgangspunkt für die Entscheidung, ob **ir** oder **venir** benötigt wird, ist im Spanischen immer die Person, die gerade spricht.

"Antonio, kannst du in die Küche **kommen**?"

Die Mutter ist in der Küche und sie ist diejenige, die spricht. Also wird die Aktion von ihrer Perspektive betrachtet. Sie ist Ziel der Bewegung. Benötigtes Verb: **venir**.

"Ja, Mama, ich komme sofort".
Antonio ist in seinem Zimmer und muss in die Küche gehen (er ist der Ausgangspunkt). Verwendetes Verb: **ir**.

Noch ein paar Beispiele, damit es klarer wird:

¿Vamos a mi casa?
Gehen wir zu mir nach Hause? (Wir sind unterwegs, und ich lade dich ein, mit mir nach Hause zu kommen).

¿Vienes a mi casa?
Kommst du zu mir nach Hause? (Ich bin bereits zu Hause und lade dich ein, zu mir zu kommen).

¿Vas a mi casa?
Gehst du zu mir nach Hause? (Ich bin nicht zu Hause und frage dich, ob du dorthin gehst).

¿Voy a tu casa?
Soll ich bei dir zu Hause vorbeikommen? (Ich frage dich, ob du möchtest, dass ich zu dir komme).

Sowohl **ir** als auch **andar** kann man im Deutschen mit "gehen" übersetzen. **Ir** wird verwendet, wenn es darum geht, ein bestimmtes Ziel zu erreichen, während mit **andar** die Umstände des Gehens beschrieben werden.

Voy a la escuela.
Ich gehe in die Schule.
Ando por la calles.
Ich gehe durch die Straßen.

ÜBUNG 37

Welches Verb passt – **ir** oder **venir**?

1 Estoy ya en casa: ¿vas/vienes a verme??
(Ich bin zu Hause: Möchtest du zu mir kommen?)

2 ¿Puedes ir / venir aquí un momento, por favor?
(Kannst du bitte einen Moment herkommen?)

3 Ahora estoy en China. El domingo voy / vengo a tu casa.
(Ich bin jetzt in China. Am Sonntag komme ich zu dir nach Hause.)

4 Ahora estoy en la playa. Voy / Vengo a la playa todos los domingos.
(Ich bin jetzt am Strand. Ich gehe jeden Sonntag an den Strand).

5 ¿Qué haces? ¿Vienes / Vas con Marta o vienes / vas conmigo?
(Was machst du? Gehst du mit Marta oder kommst du mit mir?)

¿DE O DESDE?

Nachdem du jetzt die Verben **ir** und **venir** kennst, stellen wir dir zwei Präpositionen vor, die sich ähnlich sind, jedoch unterschiedlich gebraucht werden. **De** kann etwas über die Herkunft, den Besitz oder die Zugehörigkeit aussagen:

Soy de Berlín.
Ich komme aus Berlin.
Estas gafas son de mi hermana.
Diese Brille gehört meiner Schwester.
El pan es de hoy.
Das Brot ist von heute.

Steht **de** nach einem Verb der Bewegung, gibt es den Ausgangspunkt dieser Bewegung an. In Bezug auf die Zeit bezeichnet es den Startpunkt einer Aktion. In beiden Fällen wird **de** von der Präposition **a** begleitet, und der Fokus liegt auf dem Ortswechsel bzw. der Zeitspanne.

Voy de Roma a París.
Ich reise von Rom nach Paris.
Trabajo de lunes a viernes.
Ich arbeite von Montag bis Freitag.

Mit **desde** betont man eher den Ort bzw. den Augenblick, an bzw. in dem die Handlung ihren Ursprung hat.

Desde mi ventana se ve la playa.
Von meinem Fenster aus sieht man den Strand.
Tengo fiebre desde ayer.
Ich habe seit gestern Fieber.
Te llamo desde Alemania.
Ich rufe dich von Deutschland aus an.
Te espero desde las 8.
Ich warte seit 8 Uhr auf dich.

ÜBUNG 38

Vervollständige die Sätze mit **de** oder **desde**.

1 Este es mi libro .... español.
2 John estudia español .... domingo a lunes.
3 .... mi casa veo las montañas.
4 ¿Tienes el periódico .... ayer?
5 Estoy en la cafetería .... las 6.

Beziehst du dich nicht auf einen bestimmten Zeitpunkt, sondern auf einen Zeitraum, verwendest du den Ausdruck **desde hace**.

No lo veo desde hace siglos.
Ich habe ihn seit Jahrhunderten nicht mehr gesehen.
¿Desde hace cuánto tiempo vives en Alemania?
Wie lange lebst du schon in Deutschland?
¿Desde cuándo vives en Alemania?
Seit wann lebst du in Deutschland?

LLEVAR Y TRAER
MITNEHMEN UND MITBRINGEN

Zugegeben – diese beiden Verben sind nicht wirklich zweieiige Zwillinge, aber zumindest Geschwister, die eine gewisse Ähnlichkeit aufweisen. Wir erklären dir deshalb, in welchem Kontext man **llevar**, und wann man **traer** verwendet. Zunächst schauen wir uns an, wie diese Verben konjugiert werden:

	LLEVAR	TRAER
YO	**LLEVO**	**TRAIGO**
TÚ	**LLEVAS**	**TRAES**
ÉL, ELLA, USTED	**LLEVA**	**TRAE**
NOSOTROS (AS)	**LLEVAMOS**	**TRAEMOS**
VOSOTROS (AS)	**LLEVÁIS**	**TRAÉIS**
ELLOS (AS), USTEDES	**LLEVAN**	**TRAEN**

Wie bei **ir** und **venir** ist auch hier der Bezugspunkt die Person, die spricht. **Llevar** bedeutet, jemanden oder etwas vom Sprecher aus gesehen wegzubringen. Du brauchst **llevar** aber auch dann, wenn der Sprecher etwas zu jemandem bringt. Du kannst das Adverb "dorthin" (**allí**) im Hinterkopf behalten.

¿Por qué te llevas siempre mi móvil?
Wieso nimmst du immer mein Handy mit?
Esta noche te llevo el dinero que te debo.
Heute Abend bringe ich dir das Geld, das ich dir schulde.

Traer bedeutet, etwas oder jemanden mit zum Sprecher zu bringen. In diesem Fall spielt das Adverb "hier" (**aquí**) eine Rolle.

¿Me traes las llaves?
Bringst du mir die Schlüssel?

ÜBUNG 39

Jetzt bist du an der Reihe. Du musst entscheiden, ob du **llevar** oder **traer** brauchst.

1 (Du bist zu Hause) John, ¿traes / llevas tú a los niños al colegio?
(John, bringst du die Kinder in die Schule?)

2 (Du bist im Zimmer) John, ¿me llevas / traes la falda que está en la sala? (John, bringst du mir den Rock aus dem Wohnzimmer?)

3 (Du bist zu Hause) Es mejor traer / llevar el paraguas porque va a llover. (Es ist besser, den Schirm mitzunehmen, weil es demnächst regnen wird.)

4 (Du bist im Restaurant) Camarero, ¿nos trae / lleva dos cafés, por favor? (Ober, bringen Sie uns bitte zwei Kaffee?)

5 (Du bist auf dem Planeten Erde) Amor, ¿me traes / llevas a la luna, por favor? (Liebling, bringst du mich bitte zum Mond?)

PODER Y SABER
KÖNNEN

Ein weiteres Verbpaar, das dir Schwierigkeiten bereiten könnte, ist **poder** und **saber** im Sinne von "können". Im Spanischen werden die beiden unterschiedlich und in unterschiedlichen Kontexten gebraucht. Wir erklären dir deshalb, wie sie funktionieren. **¡Vamos!**
Konjugiert werden diese beiden Verben so:

	PODER	SABER
YO	**PUEDO**	**SÉ**
TÚ	**PUEDES**	**SABES**
ÉL, ELLA, USTED	**PUEDE**	**SABE**
NOSOTROS (AS)	**PODEMOS**	**SABEMOS**
VOSOTROS (AS)	**PODÉIS**	**SABÉIS**
ELLOS (AS), USTEDES	**PUEDEN**	**SABEN**

Poder bedeutet "können" im Sinne einer Möglichkeit oder Gelegenheit.

Si tienes tiempo, puedo ir a tu casa esta noche.
Wenn du Zeit hast, kann ich heute Abend zu dir kommen.
¿Me lo puedes decir o es un secreto?
Kannst du es mir sagen, oder ist es ein Geheimnis?
Puedo, pero no quiero.
Ich kann, aber ich will nicht.

Mit **saber** hingegen ist eine Fähigkeit, die man erlernen kann, oder ein bestimmtes Wissen gemeint.

Yo sé nadar bastante bien, ¿y tú?
Ich kann ziemlich gut schwimmen, und du?
Tú no sabes hablar japonés, pero yo sí.
Du kannst kein Japanisch, aber ich schon.
¿Sabes cómo se llama el nuevo novio de Susana?
Weißt du, wie der neue Freund von Susana heißt?

ÜBUNG 40

Schauen wir mal, ob du verstanden hast, wann man **poder** und wann **saber** verwendet. Ergänze die Lücken mit dem passenden Verb und konjugiere es entsprechend.

1 (Du bist krank, Marta organisiert eine Party): Marta, lo siento, pero no .... ir, estoy enferma.

2 (Eine Arbeitskollegin kann nicht arbeiten, weil ihr PC einen Virus hat. Sie bittet dich um Hilfe): Tú .... muchas cosas de informática, ¿verdad? ¿Me .... ayudar? Tengo un virus en mi ordenador.

3 (Der Wolf klopft an der Tür und will reinkommen. Ihr Zicklein antwortet.) ¡No .... abrir la puerta a nadie!

4 (Ein Freund weiß, dass du Spanisch mit einem tollen Buch lernst und fragt dich.) ¿.......................... cómo se dice "können" en español?

5 (Derselbe Freund ist neidisch auf dich und fragt weiter, um eine Lücke in deinem Wissen zu entdecken. Am Ende sagst du zu ihm.) ¿.......................... una cosa? ¡.......................... ir a la librería y comprar el libro de J.Peter Sloan!

Hombre heißt nicht nur "Mann", sondern ist auch ein sehr häufig verwendeter Ausruf der Überraschung oder Verärgerung. Er bedeutet so viel wie "Mensch!", "Mann!" oder "Menschenskind!".

¡Hombre! ¡Cuánto tiempo sin verte!
Menschenskind! Wir haben uns lange nicht mehr gesehen!
¡Hombre, déjame en paz!
Lass mich in Ruhe, Mann!

POR Y PARA
FÜR, WEGEN, UM ZU

Neben den Verben **ser** und **estar** gehören auch die Präpositionen **por** und **para** zu den Stolpersteinen beim Spanischlernen. Im Deutschen übersetzt man sie – je nach Kontext – zum Beispiel mit "für", "um zu" oder "wegen".

Por verwendet man:
- um eine Ursache anzugeben

  Cerrado por vacaciones.
  Wegen Urlaub geschlossen.
  Gracias por tu ayuda.
  Danke für deine Hilfe.
  Llego siempre tarde por el tráfico.
  Ich komme immer zu spät wegen des Verkehrs.
  Engorda por falta de ejercicio.
  Er/Sie nimmt aus Mangel an Bewegung zu.

- in Verbindungen mit Zeitangaben

  por ahora
  einstweilen, fürs Erste
  por la mañana, por la tarde, por la noche
  morgens, mittags, abends
  por dos días
  zwei Tage lang
  Me voy de vacaciones por dos semanas.
  Ich gehe für zwei Wochen in Urlaub.
  Me gusta tomar un café por la mañana.
  Ich trinke morgens gerne einen Kaffee.
  Nos vemos mañana por la tarde.
  Wir sehen uns morgen Nachmittag.

- um anzugeben, womit eine Tätigkeit ausgeführt wird

  Hablamos por teléfono.
  Wir sprechen uns am Telefon.
  Te mando el regalo por correo.
  Ich schicke dir das Geschenk per Post.

- bei Ortsangaben

  Damos una vuelta por el centro.
  Wir spazieren durchs Zentrum.
  Mañana paso por Múnich.
  Morgen komme ich durch München.

- um über einen Preis oder einen Tausch zu verhandeln

  Te doy 20 euros por el collar.
  Ich gebe dir 20 Euro für die Kette.

Para verwendet man:

- um einen Zweck anzugeben

  Estudio para aprender.
  Ich lerne, um etwas zu lernen.
  Me arreglo para salir.
  Ich mache mich zum Ausgehen zurecht.
  Para hacer la tarta sirven dos huevos.
  Um die Torte zu backen, braucht man zwei Eier.

- um den Empfänger einer Handlung anzugeben

  Este libro es para ti.
  Dieses Buch ist für dich.

- wenn es um einen Termin geht

  Mi ensayo es para el viernes.
  Meine Hausarbeit muss ich bis Freitag einreichen.
  El mío es para mañana por la mañana.
  Meine muss ich bis morgen Vormittag einreichen.

ÜBUNG 41

¿Para oder **por?** Ergänze die Lücken mit dem passenden Wort.

1 Paso .... Madrid .... ir a Múnich.
2 Gracias .... tu llamada.
3 Todos los días vamos a pasear .... el parque.
4 Este ejercicio es .... mañana.
5 El niño no duerme .... la noche.
6 Voy a la playa .... nadar (schwimmen).
7 Siempre nos comunicamos .... e-mail.
8 Este regalo es .... ti.
9 Me voy de Londres (Ich verlasse London) .... la lluvia.
10 Te compro tu teléfono .... 100 euros.

PERO Y SINO
ABER UND SONDERN

Um zwei gegensätzliche Gedanken in einem Satz zum Ausdruck zu bringen, verwendet man **pero** bzw. **sino**. **Pero** entspricht dem deutschen "aber", **sino** übersetzt man mit "sondern". **Pero** nimmst du, wenn es zwar um gegensätzliche Ideen geht, der zweite Teil des Satzes dem ersten aber nicht direkt widerspricht.

Hace frío, pero bajo el sol no se está mal.
Es ist kalt, aber in der Sonne ist es nicht schlecht.
Estoy ocupado, pero te escucho.
Ich bin beschäftigt, aber ich höre dir zu.

Sino verwendet man im zweiten Teil des Satzes. Dieser zweiter Teil widerspricht dem ersten Teil, der wiederum immer ein Verb in der verneinten Form enthält.

No bailo salsa, sino merengue.
Ich tanze nicht Salsa, sondern Merengue.
Fernando no es guapo, sino atractivo.
Fernando ist nicht hübsch, sondern attraktiv.

PASO

OCHO

CÓMO, DÓNDE, CUÁNDO

WIE, WO, WANN: PRÄPOSITIONEN

Wo bist du?
Wo lebst du?
Wohin gehst du?
Woher kommst du?
Wann?
Wie?
Estar + Gerundium

8

PASO OCHO

CÓMO, DÓNDE, CUÁNDO: PRÄPOSITIONEN

Auf dem bisherigen Weg sind uns immer wieder Präpositionen begegnet. Diese schauen wir jetzt näher an. Um es nicht unnötig kompliziert zu machen, beginnen wir mit den gängigsten unter ihnen und verbinden sie mit Verben, die du bereits kennst. **¿Estás listo? ¡Vamos!**

¿DÓNDE ESTÁS?
WO BIST DU?

Estoy **en casa** (zu Hause)
en la cama (im Bett)
en la calle (auf der Straße)
en Madrid (in Madrid)
en España (in Spanien)

En gibt einen Ort an, oder vielmehr die Anwesenheit einer Sache oder einer Person an einem bestimmten Ort. Man verwendet es im Zusammenhang mit geographischen Angaben (Länder, Städte, Kontinente), aber auch wenn es um Räume eines Hauses, öffentliche Orte oder Transportmittel geht. En steht häufig in Verbindung mit dem Verb **estar**.

Juan está en Australia.
Juan ist in Australien.
Juan está en las Canarias.
Juan ist auf den Kanaren.
Juan está en el parque.
Juan ist im Park.

Juan está en la cocina.
Juan ist in der Küche.
Juan está en el cine.
Juan ist im Kino.
Juan está en el tren.
Juan ist im Zug.
Juan está en los Andes.
Juan ist in den Anden.

¿DÓNDE VIVES?
WO LEBST DU?

Auch das Verb **vivir** (leben) wird von der Präposition **en** begleitet.

Vivo en Buenos Aires.
Ich lebe in Buenos Aires.
Vivo en Argentina.
Ich lebe in Argentinien.

Vivir ist ein regelmäßiges Verb.

	VIVIR
YO	**VIVO**
TÚ	**VIVES**
ÉL, ELLA, USTED	**VIVE**
NOSOTROS (AS)	**VIVIMOS**
VOSOTROS (AS)	**VIVÍS**
ELLOS (AS), USTEDES	**VIVEN**

¡Qué bien vives!
Wie gut du lebst!
Vivir al día.
In den Tag hineinleben.
Vivir para ver.
Wer hätte das gedacht!

Hier haben wir eine kleine Auswahl an Städtenamen für dich:

Städte im deutschsprachigen Raum

DEUTSCH	SPANISCH	AUSSPRACHE
Berlin	**BERLÍN**	BERLÍN
München	**MÚNICH**	MÚNIK
Hamburg	**HAMBURGO**	HAMBURGO
Zürich	**ZÚRICH**	THÚRI
Bern	**BERNA**	BERNA
Wien	**VIENA**	BIENA

Sonstige Städte

DEUTSCH	SPANISCH	AUSSPRACHE
Madrid	**MADRID**	
Sevilla	**SEVILLA**	
Lima	**LIMA**	
Buenos Aires	**BUENOS AIRES**	
London	**LONDRES**	
Paris	**PARÍS**	
Rom	**ROMA**	
Athen	**ATENAS**	
Dublin	**DUBLÍN**	
Lissabon	**LISBOA**	

ÜBUNG 42

Ergänze die Lücken mit der passenden Form des Verbs **vivir** und übersetze dann:

1 .... en Múnich, pero soy de Birmingham.

....

2 Mi abuelo .... en Atenas con su novia. Está enamorado.

....

3 ¿Tú .... en Viena? Muchos amigos míos .... allí.

....

4 Nosotros .... en Berlín, ¿y tú dónde .... ?

....

5 Vosotros .... en Lisboa. ¿Sois felices?

....

¿ADÓNDE VAS?
WOHIN GEHST DU?

Voy **a casa** (nach Hause)
a la playa (zum Strand)
a la calle (auf die Straße)
a Madrid (nach Madrid)
a España (nach Spanien)

A gibt den Ort an, an den du dich begibst. Man verwendet es im Zusammenhang mit geographischen Angaben (Länder, Städte, Kontinente), aber auch, wenn es um Räume eines Hauses oder öffentliche Orte geht. **A** steht häufig in Verbindung mit dem Verb **ir**.

Voy al parque con mi perrito.
Ich gehe mit meinem Hündchen in den Park.
Voy a la cocina con mi marido.
Ich gehe mit meinem Mann in die Küche.
Voy a la piscina con mis peces.
Ich gehe mit meinen Fischen ins Schwimmbad.
Voy a los Alpes.
Ich gehe in die Alpen.

Wenn **a** und **el** nebeneinander stehen, verschmelzen sie zu einem einzigen Wort – **al**!

A verwendet man auch bei Wegbeschreibungen.

Tienes que girar a la derecha y llegar al semáforo.
Du musst rechts abbiegen und bis zur Ampel fahren.

Hacia ist ebenfalls eine Präposition, die oft zusammen mit dem Verb **ir** verwendet wird. Sie gibt die Richtung an, in die du dich bewegst.

Voy hacia tu casa (zu dir nach Hause)
hacia el parque (in Richtung Park)
hacia el centro (Richtung Innenstadt)

Voy hacia tu casa, espérame abajo.
Ich komme zu dir nach Hause, warte unten auf mich.

Hacia verwendet man auch zusammen mit **adelante** (vorwärts) oder **atrás** (rückwärts).

El elefante camina hacia adelante.
Der Elefant geht vorwärts.
El cangrejo camina hacia atrás.
Der Krebs geht rückwärts.

¿DE DÓNDE VIENES?
WOHER KOMMST DU?

Vengo **de la oficina** (aus dem Büro)
de afuera (von draußen)
de Chile (von Chile)
de la playa (vom Strand)

De gibt an, woher du kommst. Es wird oft mit dem Verb **venir** kombiniert.

Vengo de lejos.
Ich komme von weit her.
Vengo de Chile.
Ich komme von Chile (ich bin gerade in Chile gewesen).
Soy de Chile.
Ich komme aus Chile (ich bin Chilene).

ÜBUNG 43

Übersetze diese Sätze (als kleine Hilfe schenken wir dir ein paar Wörter):

cama (Bett); **gimnasio** (Turnhalle, Fitnessstudio); **tren** (Zug); **piso** (Etage); **piscina** (Schwimmbad); **supermercado** (Supermarkt)

1 Er kommt aus den Vereinigten Staaten.

....

2 Ich bin mit seinem Freund im Bett.

....

3 Meine Großeltern gehen jeden Sonntag ins Fitnessstudio.

....

4 Wir wohnen in der sechsten Etage.

....

5 Ich fahre mit meinem Sohn zur Schule.

....

6 Fährst du zur Arbeit?

....

7 Pedro geht nach Hause.

....

8 Wir gehen ins Schwimmbad, weil es uns heiß ist.

....

9 Ich komme vom Supermarkt und gehe ins Bett.

....

¿CUÁNDO?
WANN?

Die Präpositionen, die du gerade gelernt hast, werden auch bei Zeitangaben verwendet (immer, wenn du auf die Frage "wann?" antwortest).
En benutzt man im Zusammenhang mit Festen, Monaten, Jahren oder Jahreszeiten.

Nos vemos en Navidad.
Wir sehen uns an Weihnachten.
Nos vemos en verano.
Wir sehen uns im Sommer.
Nos vemos en 2040.
Wir sehen uns 2040.

Man gibt mit **en** auch den Zeitraum an, den man braucht, um etwas zu vollenden.

Tienes que terminar tu trabajo en tres días.
Du musst deine Arbeit innerhalb von drei Tagen fertig haben.
Lo voy a convencer en cinco minutos.
Ich überrede ihn in fünf Minuten.
No lo va a lograr en toda su vida.
Er/Sie wird das in seinem/ihrem ganzen Leben nicht erreichen.

Dentro de bezeichnet einen Zeitraum , der im Moment des Sprechens beginnt: Die Uhr läuft!

Nos vemos dentro de tres días.
Wir sehen uns in drei Tagen.
Nos vemos dentro de un par de siglos.
Wir sehen uns in ein paar Jahrhunderten.

Mit **a** gibt man eine genaue Uhrzeit an.

La tienda cierra a las ocho.
Der Laden schließt um acht Uhr.
Nos vemos a las 7.
Wir sehen uns um 7 Uhr.
Me levanto a la hora de la comida.
Ich stehe zur Mittagessenszeit auf.

Hacia gibt einen ungefähren Zeitpunkt an (genau wie das deutsche "gegen").

La tienda cierra hacia las ocho.
Der Laden schließt gegen acht Uhr.
Nos vemos hacia las 7.
Wir sehen uns gegen sieben Uhr.
Me levanto hacia la hora de la comida.
Ich stehe gegen Mittag auf.

Mit **de** wird ein Datum oder eine Uhrzeit näher spezifiziert.

La tienda cierra a las ocho de la tarde.
Der Laden schließt um acht Uhr abends.
Nos vemos a mitad de la semana que viene.
Wir sehen uns Mitte nächster Woche.
Nos vemos el 29 de septiembre de 2547.
Wir sehen uns am 29. September 2547.

¡OJO!

que viene = kommende/r, s
pasada = vergangene

ÜBUNG 44

Setze die zu den Zeitangaben passende Präposition ein.

1 Entre semana me levanto …… las 7 …… la mañana.

2 Nos vemos …… las 4 (más o menos).

3 Los niños no van …… colegio …… verano.

4 Este fin de semana me levanto …… mediodía.

5 Nos vemos …… dos días.

6 Me voy de vacaciones …… diciembre.

¿CÓMO?
WIE?

Mit den gerade gelernten Präpositionen kannst du auch auf die Frage "wie?" antworten.

¿Cómo vas al trabajo?
Wie gehst du zur Arbeit?
a pie = zu Fuß
a caballo = mit dem Pferd
en coche = mit dem Auto
en bicicleta = mit dem Fahrrad
en autobús = mit dem Bus
en taxi = mit dem Taxi
en tren = mit dem Zug
en avión = mit dem Flugzeug

ÜBUNG 45

Jetzt kannst du dein Wissen testen. Übersetze und verwende dabei die richtigen Präpositionen.

1 Ich fahre mit dem Taxi nach Paris.

....

2 Es ist Dezember, und ich bin im Bett.

....

3 Wir sehen uns in zwei Wochen in der Kneipe.

....

4 Sie kommen mit dem Zug von der Schule und fliegen mit dem Flugzeug in den Supermarkt.

....

5 Fahren wir mit dem Fahrrad nach Peking (Pekín)?

....

6 Wir kommen im Sommer zu dir nach Hause.

....

7 Ich reite auf dem Pferd ins Zentrum. Wir sehen uns gegen vier Uhr.

....

8 Wir sind in Chile, aber diese Woche gehen wir ins Kino nach Argentinien.

....

9 Bist du im Büro oder im Fitnessstudio?

....

10 Ich warte um neun Uhr abends in der Küche auf dich.

....

ESTAR + GERUNDIO

Lieber Leser, was machst du gerade? **¿Estás durmiendo o estás aprendiendo?** (Schläfst du oder lernst du?)
Was auch immer du tust, jetzt solltest du hellwach sein: Demnächst wirst du in der Lage sein zu erzählen, was in dem Moment, in dem du redest, um dich herum geschieht.
Um eine Handlung zu beschreiben, die sich gerade in diesem Augenblick abspielt, verwendest du diese Formel:

ESTAR + GERUNDIO

Yo estoy hablando.
Ich rede gerade.
Tú estás escuchando.
Du hörst gerade zu.

John está durmiendo.
John schläft im Moment.
Nosotros estamos mirando a John.
Wir schauen gerade John zu.

Das Gerundium wird gebildet, indem man an den Verbstamm die Endungen **-ANDO** oder **-IENDO** anhängt.

Verbern auf **-AR** ⟶ **-ANDO**	Verben auf **-ER/-IR** ⟶ **-IENDO**
llorar ⟶ llor**ando**	beber ⟶ beb**iendo** vivir ⟶ viv**iendo**

Ahora está lloviendo.
Es regnet.
Mi marido está saliendo.
Mein Mann geht aus.
El bebé está llorando.
Das Baby weint.
El teléfono está sonando.
Das Telefon klingelt.

El perro está ladrando.
Der Hund bellt.
La vecina está gritando.
Die Nachbarin schreit.
La comida se está quemando.
Das Essen brennt an.
Yo me estoy volviendo loca.
Ich werde verrückt.

¡OJO!

Bei unregelmäßigen Verben und bei Verben, deren Infinitivendung ein Vokal vorausgeht, weicht die Form des Gerundiums von der Regel ab. Wir haben eine Liste der häufigsten Verben für dich zusammengestellt.

creer → creyendo
decir → diciendo
dormir → durmiendo
ir → yendo
leer → leyendo
morir* → muriendo
oír → oyendo
pedir → pidiendo
seguir → siguiendo
sentir → sintiendo
traer → trayendo
venir → viniendo

¡OJO!

*Im Gegensatz zum Deutschen kann **morir** auch reflexiv gebraucht werden (**morirse**). Inhaltlich besteht kein Unterschied zwischen der reflexiven Form und der nicht reflexiven.

me muero = ich sterbe
me estoy muriendo = ich sterbe (gerade)

ÜBUNG 46

Übersetze jetzt diese Sätze. Die Vokabeln helfen dir dabei.

aburrirse (sich langweilen); **algo** (etwas); **no puedo** (ich kann nicht); **sal** (geh nach draußen); **todo** (alles); **exagerar** (übertreiben); **escuchar** (zuhören); **no más** (es reicht); **molestar** (nerven); **bebe also** (trink was)

1 Was machst du?

....

2 Ich sterbe vor Hitze, und du?

....

3 Ich schwitze, und du?

....

4 Hörst du mir zu??

....

PASO

NUEVE

¡A TRABAJAR!

AN DIE ARBEIT!

Mengen: Adverbien und Pronomen
Berufe
Komparativ und Superlativ
Superlativ/2
Vergangenheit/1
Vergangenheit/2
Vergangenheit/3
Ich bin auf Arbeitssuche
Der Lebenslauf
Geschäftliche Telefongespräche
Beim Vorstellungsgespräch

9

PASO NUEVE

¡A TRABAJAR!

CANTIDAD: ADVERBIOS Y PRONOMBRES
MENGEN: ADVERBIEN UND PRONOMEN

Sätze kannst du mittlerweile schon ganz gut bilden; jetzt wirst du lernen, die Dinge, von denen du sprichst, zu quantifizieren.

mucho = viel, sehr **poco** = wenig
bastante = ausreichend **demasiado** = zu (viel)

Diese Wörter können ein Verb oder ein Substantiv begleiten:

VERB	SUBSTANTIV
Duermo mucho. Ich schlafe viel.	**Tengo mucho sueño.** Ich bin sehr müde.
Duermo poco. Ich schlafe wenig.	**Tengo poco sueño.** Ich bin kaum müde.
Duermo bastante. Ich schlafe genügend.	**Tengo bastante sueño.** Ich bin ziemlich müde.
Duermo demasiado. Ich schlafe zu viel.	**Tengo demasiado sueño.** Ich bin zu müde.

¡OJO!

Die Adverbien in der ersten Spalte bleiben unverändert, während die Adjektive in der zweiten ans Substantiv angeglichen werden.

Como poco.
Ich esse wenig.
Tengo poca/mucha hambre.
Ich habe wenig/viel Hunger.

So kannst du das Subjekt näher spezifizieren:

nada = nichts **En casa no hay nada.** Zu Hause gibt es nichts.	**nadie** = niemand **En casa no hay nadie.** Niemand ist zu Hause.
algo = etwas **En casa hay algo.** Zu Hause gibt es etwas.	**alguien** = jemand **En casa hay alguien.** Es ist jemand zu Hause.
todo = alles **En casa hay de todo.** Zu Hause gibt es eine Menge Sachen.	**todos*** = alle **Están todos en casa.** Alle sind zu Hause.

¡OJO!

*In Verbindung mit einem Verb, das die Existenz oder die Position angibt, taucht **todos** mit **estar** und nicht mit **hay** auf.

algún = irgendein **ningún** = kein sind männliche Adjektive (sie stehen vor einem Nomen).	**alguno** = irgendeiner **ninguno** = keiner sind männliche Pronomen (sie stehen anstelle eines Nomens)
¿Hay algún problema? Hast du irgendein Problem? **No, ningún problema.** Nein, kein Problem.	**No, ninguno.** Nein, keines.
alguna = irgendeine **ninguna** = keine Die weibliche Form kann sowohl Adjektiv als auch Pronomen sein.	
¿Ves alguna solución? Siehst du irgendeine Lösung?	**Sí, veo algunas.** Ja, ich sehe einige. **No, no veo ninguna.** Nein, ich sehe keine.

ÜBUNG 47

Jetzt machen wir eine große Wiederholungsübung. Übersetze die Sätze.

mejor así (besser so); estar **sentado** (sitzen); **ya** (schon); **así es** (ja genau)

1 Ist da jemand?

....

2 Nein, es ist niemand da.

....

3 Entschuldige, es gibt wenig Licht, und ich sehe wenig.

....

4 Kein Problem. Ich sehe genügend, und ich sehe niemanden.

....

5 Besser so. Was machst du?

....

6 Nichts. Ich sitze.

....

7 Das ist schon etwas.

....

8 Ja genau. Und du, woher kommst du?

....

9 Von der Arbeit. Ich bin sehr müde. Ich arbeite gerade zu viel.

....

10 Ich arbeite wenig, weil ich sehr müde bin.

....

menos = weniger
más = mehr

PROFESIONES
BERUFE

Wer arbeitet wenig, und wer arbeitet zu viel? Mit den folgenden Wörtern möchten wir dich in die Arbeitswelt einführen: Setze **mucho**, **poco**, **bastante** oder **demasiado** in die Lücken – je nachdem, wie viel die entsprechende Person arbeitet.

heredero/a = Erbe/Erbin ....

ama de casa = Hausfrau ....

jubilado/a = Rentner/Rentnerin ....

empleado/a = Angestellter/Angestellte ....

Hier findest du einige Berufe:

MASCULINO	FEMENINO
actor Schauspieler	**actriz** Schauspielerin
abogado Rechtsanwalt	**abogada** Rechtsanwältin
arquitecto Architekt	**arquitecta** Architektin
bombero Feuerwehrmann	**bombera** Feuerwehrfrau

MASCULINO	FEMENINO
cajero Kassierer	**cajera** Kassiererin
camarero Kellner	**camarera** Kellnerin
cantante Sänger	**cantante** Sängerin
carnicero Metzger	**carnicera** Metzgerin
dentista Zahnarzt	**dentista** Zahnärztin
dependiente Angestellter	**dependienta** Angestellte
enfermero Krankenpfleger	**enfermera** Krankenschwester
escritor Schriftsteller	**escritora** Schriftstellerin
fontanero Installateur	**fontanera** Installateurin
médico Arzt	**médica** Ärztin
panadero Bäcker	**panadera** Bäckerin
periodista Journalist	**periodista** Journalistin
policía Polizist	**policía** Polizistin
secretario Sekretär	**secretaria** Sekretärin
taxista Taxifahrer	**taxista** Taxifahrerin

ÜBUNG 48

Ergänze bitte die Lücken mit der entsprechenden Berufsbezeichnung.

caries (Karies); **robar** (stehlen)

1 Mi abuela tiene una caries. Tiene que ir al ....

2 A mi madre le gustan los incendios y detesta a los ....

3 Yo prefiero los libros, por eso soy ....

4 A mi hermano le gusta robar, por eso tiene un buen ....

5 A mi tío no le gusta mi hermano. Mi tío es ....

MÁS O MENOS

KOMPARATIV UND SUPERLATIV

Wir wollen jetzt zwei Berufe miteinander vergleichen.

Un ama de casa trabaja más que una heredera.
Eine Hausfrau arbeitet mehr als eine Erbin.
Un jubilado trabaja menos que un empleado.
Ein Rentner arbeitet weniger als ein Angestellter.

Mit **más que** und **menos que** vergleicht man zwei Dinge miteinander (Komparativ der Mehrheit bzw. der Minderheit).

Yo soy más rico que tú.
Ich bin reicher als du.
Tengo más dinero que tú.
Ich habe mehr Geld als du.
Tú eres menos rico que yo.
Du bist weniger reich als ich.

Tienes menos dinero que yo.
Du hast weniger Geld als ich.

Um eine Person oder eine Sache unter allen anderen hervorzuheben, verwendet man **más de** und **menos de** (Superlativ der Mehrheit oder der Minderheit) und fügt vor dem Nomen den entsprechenden Artikel ein.

La reina de Inglaterra es la mujer más rica del mundo.
Die Königin von England ist die reichste Frau der Welt.
La reina de Inglaterra es la mujer menos pobre del mundo.
Die Königin von England ist die am wenigsten arme Frau der Welt.

ÜBUNG 49

Übersetze die Sätze und verwende dabei den Komparativ und den Superlativ.

dinero (Geld); **además** (außerdem); **estresado** (gestresst); **seguro que** (sicher); **afortunado** (glücklich)

1 Penélope Cruz ist die berühmteste Schauspielerin Spaniens (**de España**).

....

2 Ich bin keine Spanierin und bin weniger berühmt als Penélope Cruz.

....

3 Ich bin weniger reich als sie, weil ich weniger Geld habe als sie.

....

4 Aber ich bin sympathischer als sie.

....

5 Und außerdem bin ich weniger gestresst.

....

6 Penélope Cruz arbeitet zu viel. Sicher arbeitet sie mehr als ich.

....

7 Ich arbeite nicht und bin die glücklichste Frau der Welt.

....

SUPERLATIV/2

Bisher hast du gelernt zu sagen:

Mi mono es simpático.
Mein Affe ist sympathisch.
Mi mono es muy simpático.
Mein Affe ist sehr sympathisch.
Mi mono es demasiado simpático.
Mein Affe ist zu sympathisch.

Jetzt wirst du lernen, wie du diese Eigenschaft auf ein Höchstmaß steigern kannst.

Mi mono es simpatiquísimo.
Mein Affe ist total sympathisch.

Wie du siehst, musst du, um den absoluten Superlativ zu bilden, an das ursprüngliche Adjektiv die folgenden Endungen anhängen:

-ÍSIMO/-ÍSIMA im Singular
-ÍSIMOS/-ÍSIMAS im Plural

Penélope Cruz es una actriz famosísima.
Penélope Cruz ist eine ganz berühmte Schauspielerin.
Esta regla es facilísima.
Diese Regel ist kinderleicht.

Yo estoy felicísimo.
Ich bin überglücklich.

Mit Adverbien funktioniert es übrigens genauso:

Estoy aprendiendo muchísimo.
Ich lerne unheimlich viel.
Me estoy aburriendo poquísimo.
Ich langweile mich extrem wenig.

feliz → felicísimo
mucho → muchísimo
poco → poquísimo

Wenn du erfahren möchtest, wie sich die Endungen einiger Wörter im Superlativ verändern, blättere zum **Abschnitt EyE** am Ende des Buches.

Superlativos

Super-, archi-, requete- sind umgangssprachliche Superlativformen, die man in der gesprochenen Sprache häufig verwendet. Sie werden dem Adjektiv vorangestellt.

Mi mono es supersimpático.
Mein Affe ist supersympathisch.
Mi mono es archifamoso.
Mein Affe ist wahnsinnig berühmt.
Mi mono es requetebonito.
Mein Affe ist megahübsch.

ÜBUNG 50

Übersetze diesen Dialog zwischen Pepa und Blanca. Die beiden treffen sich an der Strandpromenade, erkennen sich schon von Weitem und rufen sich unverständliche Dinge zu. Dann stehen sie sich mit weit aufgerissenen Augen gegenüber und sagen…

¿no ves? (siehst du nicht?); **moreno** (braun gebrannt); **en cambio** (dagegen); **pálido** (blass); **estresado** (gestresst); **pesado** (schwer); **mariscos** (Meeresfrüchte); **aburrido** (langweilig); **estúpido** (dumm); **inteligente** (intelligent)

1 Blanca! Was machst du hier?

....

2 Siehst du nicht? Ich bin knackig braun. Du bist dagegen leichenblass.

....

3 Ich bin total gestresst. Der Strand, die Sonne… Das Leben hier ist knallhart.

....

4 Ja. Es sind äußerst schwere Tage. Die Meeresfrüchte sind strohdumm.

....

5 Die Ferien sind stinklangweilig. Wir dagegen sind hochintelligent.

....

PRETÉRITO PERFECTO
VERGANGENHEIT/1

Unser intelligentes Gespräch ist noch nicht zu Ende. Pepa und Blanca tauschen sich darüber aus, was sie in letzter Zeit gemacht haben. Schauen wir, was sie sagen.

PEPA **¿Qué has hecho últimamente?**
Was hast du in letzter Zeit gemacht?
BLANCA **Nada. He salido poco.**
Nichts. Ich bin kaum ausgegangen.
PEPA **¿Has trabajado mucho?**
Hast du viel gearbeitet?
BLANCA **No. No he tenido tiempo.**
Nein, ich hatte keine Zeit.
PEPA **¿Has estado enferma?**
Warst du krank?
BLANCA **No, he estado muy bien.**
Nein, es ist mir sehr gut gegangen.
PEPA **Y entonces, ¿qué has hecho?**
Na, was hast du also gemacht?
BLANCA **¡He vivido, cariño, he vivido!**
Ich habe gelebt, meine Liebe, ich habe gelebt!

Mit dem **pretérito perfecto** beziehst du dich auf eine Handlung oder ein Ereignis, das kürzlich stattgefunden hat. In diesem Zusammenhang wird es verwendet mit Ausdrücken wie: **ahora** (jetzt), **últimamente** (in letzter Zeit), **hace un rato** (vor Kurzem).

Últimamente no he leído mucho.
In letzter Zeit habe ich nicht viel gelesen.

Man kann damit auch eine Handlung beschreiben, die in einem noch nicht abgeschlossenen Zeitraum geschehen ist. In diesem Fall steht das **pretérito perfecto** oft in Zusammenhang mit Ausdrücken wie: **hoy** (heute), **esta maña-**

na (heute Morgen), **esta tarde** (heute Nachmittag), **esta semana** (diese Woche), **este mes** (diesen Monat), **este año** (dieses Jahr).

Este mes ya he tenido dos accidentes con el coche.
Diesen Monat habe ich schon zwei Autounfälle gehabt.

Man verwendet das **pretérito perfecto** aber auch für Handlungen, die sich auf die Gegenwart auswirken.

He hablado con el jefe y ahora tengo una nueva oficina.
Ich habe mit dem Chef gesprochen, und jetzt habe ich ein neues Büro.

Auch von Handlungen, die noch nicht oder nie stattgefunden haben, spricht man im **pretérito perfecto**. Hier wird es verwendet in Zusammenhang mit Ausdrücken wie: **siempre** (immer), **nunca** (nie), **hasta ahora** (bis jetzt), **ya** (schon), **todavía no** (noch nicht).

Todavía no he visto a Juan.
Ich habe Juan noch nicht gesehen.
Nunca he estado en Estados Unidos.
Ich bin noch nie in den Vereinigten Staaten gewesen.

Das **pretérito perfecto** wird immer mit dem Hilfsverb **haber** gebildet.

PRETÉRITO PERFECTO

YO	**HE**	+ PARTIZIP
TÚ	**HAS**	
ÉL, ELLA, USTED	**HA**	
NOSOTROS (AS)	**HEMOS**	
VOSOTROS (AS)	**HABÉIS**	
ELLOS (AS), USTEDES	**HAN**	

Man verwendet wirklich immer **haber** - auch wenn im Deutschen das Hilfsverb "sein" gebraucht wird:

he estado = ich bin gewesen
he ido = ich bin gegangen
he venido = ich bin gekommen
he llegado = ich bin angekommen
he entrado = ich bin hineingegangen
he salido = ich bin hinausgegangen

Das Partizip ist unveränderlich, also in der männlichen und in der weiblichen Form gleich:
Juanito nunca ha estado en París. / Macarena nunca ha estado en París.
Hoy Juanito ha ido a la playa. / Hoy Macarena ha ido a la playa.

Das gilt auch für das Verb **estar:** Als Partizip in einem **pretérito perfecto** bleibt es immer gleich, egal, ob das Subjekt männlich oder weiblich ist. Die Adjektive, die auf **estar** folgen, werden wie üblich auf die Person abgestimmt:

MASCULINO	FEMENINO
Juan ha estado enfermo. Juan ist krank gewesen.	**Paula ha estado enferma.** Paula ist krank gewesen.
Juan ha estado ocupado. Juan ist beschäftigt gewesen.	**Paula ha estado ocupada.** Paula ist beschäftigt gewesen.
Hemos estado enfermos. Wir sind krank gewesen.	**Hemos estado enfermas.** Wir sind krank gewesen.
Hemos estado ocupados. Wir sind beschäftigt gewesen.	**Hemos estado ocupadas.** Wir sind beschäftigt gewesen.

Das Partizip Perfekt der regelmäßigen Verben wird gebildet, indem man die Infinitivendung durch die Silben **-ADO** bzw. **-IDO** ersetzt:
Was habe ich in meinem Leben gemacht? **En mi vida** (Zeitraum, der - zum Glück - noch nicht abgeschlossen ist)...

-AR ⟶ -ADO	-ER, -IR ⟶ -IDO
trabajar ⟶ trabajado **He trabajado poco.** Ich habe wenig gearbeitet.	**tener ⟶ tenido** **No he tenido mucho tiempo.** Ich habe nicht viel Zeit gehabt.
amar ⟶ amado **He amado mucho.** Ich habe sehr geliebt.	**salir ⟶ salido** **No he salido mucho.** Ich bin nicht viel ausgegangen.
estar ⟶ estado **He estado muy bien.** Es ist mir sehr gut gegangen.	**vivir ⟶ vivido** **No he vivido bien.** Ich habe nicht gut gelebt.

¡OJO!

Die spanische Sprache ist voller unregelmäßiger Partizipien. Wir haben die lop len der gängigsten fur dich aufgellstet. Weitere unregelmäßige Partizipien findest du im **Abschnitt EyE** am Ende des Buches..

EyE 14

Participios irregulares

öffnen = **abrir ⟶ abierto**
sagen = **decir ⟶ dicho**
machen = **hacer ⟶ hecho**
stellen, legen = **poner ⟶ puesto**
sterben = **morir ⟶ muerto**
zerbrechen = **romper ⟶ roto**
entdecken = **descubrir ⟶ descubierto**
schreiben = **escribir ⟶ escrito**
zurückkehren = **volver ⟶ vuelto**
sehen = **ver ⟶ visto**

ÜBUNG 51

Du bist wieder an der Reihe. Übersetze diese Sätze und verwende dabei das **pretérito perfecto**.

viaje mental (Phantasiereise); **plato** (Teller)

1 In letzter Zeit habe ich nichts gemacht.

....

2 Ich bin zu Hause gewesen und habe nachgedacht.

....

3 Ich bin nicht viel ausgegangen.

....

4 Ich habe viele Phantasiereisen gemacht, und es ist mir gut gegangen.

....

5 Aber ich habe viele Teller zerbrochen und habe wenig gegessen.

....

PRETÉRITO INDEFINIDO
VERGANGENHEIT/2

Kommen wir jetzt zu einer weiteren Vergangenheitsform: dem **pretérito indefinido.** Diese Zeitform wird ständig verwendet. Wann? Wie? Schauen wir mal. Mit dem **indefinido** bezieht man sich auf abgeschlossene Handlungen, die in einem Zeitraum stattgefunden haben, der jetzt vorüber ist. Dabei ist es egal, ob diese Handlungen in der fernen oder jüngsten Vergangenheit liegen. Man gebraucht es im Zusammenhang mit Ausdrücken wie: **ayer** (gestern),

anoche (gestern Abend), **el otro día** (neulich), **la semana pasada** (letzte Woche), **el mes pasado** (letzten Monat), **el año pasado** (letztes Jahr).

El año pasado te conocí.
Letztes Jahr habe ich dich kennengelernt.
Ayer por la mañana te vi.
Gestern Morgen habe ich dich gesehen.
Ayer por la tarde me enamoré.
Gestern Nachmittag habe ich mich verliebt.
Anoche salí y te olvidé.
Gestern Abend bin ich ausgegangen und habe dich vergessen.

Man verwendet das **indefinido** auch, wenn es um ein besonderes Datum geht und in Verbindung mit dem Ausdruck **hace**.

Me casé con mi marido en 2012.
Ich habe meinen Mann 2012 geheiratet.
Nos enamoramos en 2013.
Wir haben uns 2013 verliebt.
Hace un año nos separamos.
Wir haben uns vor einem Jahr getrennt.

Schauen wir jetzt, wie man das **indefinido** bei regelmäßigen Verben bildet.

	AMAR	COMER	VIVIR
YO	AM**É**	COM**Í**	VIV**Í**
TÚ	AM**ASTE**	COM**ISTE**	VIV**ISTE**
ÉL, ELLA, USTED	AM**Ó**	COM**IÓ**	VIV**IÓ**
NOSOTROS (AS)	AM**AMOS**	COM**IMOS**	VIV**IMOS**
VOSOTROS (AS)	AM**ASTEIS**	COM**ISTEIS**	VIV**ISTEIS**
ELLOS (AS), USTEDES	AM**ARON**	COM**IERON**	VIV**IERON**

Sicher ist dir aufgefallen, dass die Verben auf **-ER** und auf **-IR** gleich konjugiert werden.

¡OJO!

Leider gibt es im Spanischen viele unregelmäßige Verben. Hier findest du die Top Five der am häufigsten verwendeten. Weitere unregelmäßige Verben findest du im **Abschnitt EyE** am Ende des Buches.

EyE 15

Pretérito indefinido. Verbos irregulares

SER	ESTAR	TENER	HACER	IR
FUI	**ESTUVE**	**TUVE**	**HICE**	**FUI**
FUISTE	**ESTUVISTE**	**TUVISTE**	**HICISTE**	**FUISTE**
FUE	**ESTUVO**	**TUVO**	**HIZO**	**FUE**
FUIMOS	**ESTUVIMOS**	**TUVIMOS**	**HICIMOS**	**FUIMOS**
FUISTEIS	**ESTUVISTEIS**	**TUVISTEIS**	**HICISTEIS**	**FUISTEIS**
FUERON	**ESTUVIERON**	**TUVIERON**	**HICIERON**	**FUERON**

¡OJO!

Die Verben **ser** und **ir** werden im **pretérito indefinido** gleich konjugiert!

ÜBUNG 52

Pretérito perfecto oder **indefinido**? Übersetze die Sätze.

gafas (Brille); **ganar** (gewinnen); **insultar a** (beleidigen); **pasado** (vergangen)

1 Gestern hat Harry Potter seine Brille zerbrochen und den Bus verpasst.

....

2 Diese Woche hat meine Oma einen Astronauten geheiratet.

....

3 1999 haben sie sich verliebt und waren in Lourdes.

....

4 Vor fünf Jahren habe ich den Oscar gewonnen und Brad Pitt beleidigt.

....

5 Heute habe ich meine Oma in ihrem neuen Haus besucht. Die Reise bis zum Satelliten war lang.

....

6 Letzten Monat waren wir in China und haben nur Pizza gegessen.

....

7 1956 wart ihr sehr glücklich.

....

PRETÉRITO IMPERFECTO
VERGANGENHEIT/3

Das **pretérito imperfecto** verwendet man, um sich auf gewohnheitsmäßige Handlungen in der Vergangenheit zu beziehen. Außerdem kann man damit Menschen oder Situationen beschreiben. Oft steht es im Zusammenhang mit Ausdrücken wie:

de niño/a = als Kind
de pequeño/a = als ich/du/... klein war/warst/...
cuando era niño/a, pequeño/a, joven = als ich ein Kind/klein/jung war
todos los días = jeden Tag
normalmente = normalerweise
generalmente = im Allgemeinen

Mit dem **pretérito imperfecto** drückt man gewohnheitsmäßige Handlungen in der Vergangenheit aus.

Cuando Peter era niño, siempre bebía cerveza.
Als Peter ein Kind war, trank er immer Bier.
Mi exjefe siempre solo decía que no.
Mein Ex-Chef sagte immer nur nein.

Man verwendet es auch um Personen Situationen und Orte zu beschreiben.

Ayer vi a Magdalena: estaba triste y llevaba una carta en la mano.
Gestern habe ich Magdalena gesehen: Sie war traurig und hielt einen Brief in der Hand.
Esta mañana me ha llamado Esteban. Tenía una voz rara, ¿tú sabes por qué?
Heute früh hat mich Esteban angerufen. Er hatte eine komische Stimme: Weißt du, warum?

Darüber hinaus kann man sich mit dem **imperfecto** auf ein Ereignis beziehen, das vor einem anderen Ereignis (das wiederum durch das pretérito indefinido ausgedrückt wird) schon angefangen hatte.

Mientras estábamos en el restaurante, entraron unos ladrones.
Als wir im Restaurant waren, kamen Diebe herein.
Estábamos en una reunión, pero ella nos interrumpió igualmente.
Wir waren in einer Sitzung, aber sie unterbrach uns trotzdem.

Mit dem **imperfecto** kann man auch ein Futur in der Vergangenheit ausdrücken und eine höfliche Anfrage oder Bitte formulieren:

John dijo que volvía pronto.
John sagte, er würde bald zurückkommen.
Buenos días, quería hablar con el director.
Guten Tag, ich möchte gerne mit dem Direktor sprechen.

Um ein Verb im **imperfecto** zu konjugieren, ersetzt du die Infinitivendung durch die entsprechende Endung – also so:
cantar ⟶ cant~~ar~~ ⟶ yo cant + aba ⟶ yo cantaba

	CANTAR	COMER	VIVIR
YO	CANT**ABA**	COM**ÍA**	VIV**ÍA**
TÚ	CANT**ABAS**	COM**ÍAS**	VIV**ÍAS**
ÉL, ELLA, USTED	CANT**ABA**	COM**ÍA**	VIV**ÍA**
NOSOTROS (AS)	CANT**ÁBAMOS**	COM**ÍAMOS**	VIV**ÍAMOS**
VOSOTROS (AS)	CANT**ABAIS**	COM**ÍAIS**	VIV**ÍAIS**
ELLOS (AS), USTEDES	CANT**ABAN**	COM**ÍAN**	VIV**ÍAN**

Die Endungen der ersten Konjugation unterscheiden sich von denen der zweiten und der dritten.

Hast du bemerkt, dass im Spanischen die erste und die dritte Person Singular gleich lauten? Das Personalpronomen bzw. der Kontext helfen dir, die jeweiligen Formen richtig zu deuten.

yo cantaba = ich sang	**él cantaba** = er sang
yo comía = ich aß	**él comía** = er aß
yo vivía = ich lebte	**él vivía** = er lebte

Diese Endungen gelten auch für die folgenden und für alle anderen Verben (aufgeführt haben wir jeweils nur die erste Person)

estar ⟶ estaba	**hacer ⟶ hacía**	**poner ⟶ ponía**
tener ⟶ tenía	**haber ⟶ había**	
decir ⟶ decía	**querer ⟶ quería**	

Es gibt lediglich drei Ausnahmen. **¡Menos mal!** (Zum Glück!). Hier sind sie:

	IR	SER	VER
YO	**IBA**	**ERA**	**VEÍA**
TÚ	**IBAS**	**ERAS**	**VEÍAS**
ÉL, ELLA, USTED	**IBA**	**ERA**	**VEÍA**
NOSOTROS (AS)	**ÍBAMOS**	**ÉRAMOS**	**VEÍAMOS**
VOSOTROS (AS)	**IBAIS**	**ERAIS**	**VEÍAIS**
ELLOS (AS), USTEDES	**IBAN**	**ERAN**	**VEÍAN**

ÜBUNG 53

Übersetze und verwende dabei die Verben im **pretérito imperfecto**.

estar vivo (noch leben); **playa** (Meer); **llamarte** (dich anrufen); **tu teléfono** (deine Nummer)

1 1912 war ich niemand, aber meine Großmutter lebte noch.

....

2 Als wir klein waren, gingen wir ans Meer, aber es regnete immer.

....

3 Vor zehn Jahren hatte er mehr Haare und aß weniger.

....

4 Entschuldige, ich wollte dich anrufen, aber ich hatte deine Nummer nicht.

....

5 Im Mittelalter gab es keine Autos.

....

Wir fassen nochmals die drei Vergangenheitsformen kurz zusammen:

• Das **pretérito perfecto** bezeichnet eine Tatsache oder ein Ereignis, das in der Vergangenheit stattgefunden hat und sich auf die Gegenwart auswirkt.

Esta mañana he hablado con el jefe y hemos tomado un café.
Heute Morgen habe ich mit dem Chef gesprochen, und wir haben einen Kaffee getrunken.

Es kann auch einer Handlung Ausdruck verleihen, die in einem Zeitraum stattgefunden hat, der noch andauert.

Hoy no me ha pasado nada interesante.
Heute ist mir nichts Interessantes passiert.

• Mit dem **indefinido** bezieht man sich auf eine Handlung, die keine Auswirkung auf die Gegenwart hat und in einem Zeitraum stattfand, der im Moment des Redens schon abgeschlossen war.

Ayer me llamó Marcos y me invitó a salir.
Gestern hat mich Marcos angerufen und zum Ausgehen eingeladen.

• Das **imperfecto** wird für gewohnheitsmäßige Handlungen benutzt.

Cuando era pequeña, iba siempre a pasear al parque.
Als ich klein war, ging ich immer im Park spazieren.

Darüber hinaus wird es für Beschreibungen von Situationen und Personen verwendet.

Ayer estaba muy cansado, hoy estoy bien.
Gestern war ich sehr müde, heute geht es mir gut.

ÜBUNG 54 MEGATEST

Du solltest jetzt eigentlich bereit sein für unseren umfassenden Wiederholungstest. Übersetze und wende das bisher Gelernte an. Wenn du Zweifel hast, blättere zurück und lies dir die wesentlichen Punkte nochmals durch. **¿Listo?**

1 Gestern hat meine Katze Oscar die Brille zerbrochen und mich nicht hereinkommen sehen.

....

2 Letzte Woche habe ich die Schlüssel verloren und bin durchs Fenster hereingekommen. Es war sehr lustig.

....

3 In diesem Jahr bin ich viel gereist und hatte keine Zeit zu arbeiten.

....

4 a: Warst du in letzter Zeit in Birmingham?

....

b: Nein, aber ich habe dort gelebt, als ich klein war.

....

5 Mein Affe ist sehr berühmt. 1986 machte er einen Film mit Brad Pitt und gewann den Oscar.

....

6 Mein Onkel war Polizist und speiste 1934 mit Al Capone zu Abend.

....

7 Meine Mutter hingegen ist Hausfrau und heute hat sie alle Teller zerbrochen.

....

8 Diese Woche war ich sehr beschäftigt (weibliche Form).

....

9 Am 22. Februar 2002 hat mein roter Fisch wenig geschlafen.

....

10 Vergangenen Montag bin ich mit dem Taxi zur Schule gefahren.

....

11 Mein Großvater ritt immer mit dem Pferd zur Schule.

....

12 Entschuldigen Sie, mein Herr, haben Sie meine Frau gesehen? Ich habe sie vorgestern verloren, und sie hat sich noch nicht gemeldet.

....

13 1982 bin ich von Rom nach Peking zu Fuß gegangen.

....

14 Gestern Abend war ich bei dir zu Hause.

....

15 Paco hat mich vor drei Monaten um einen Rat gebeten. Heute habe ich ihm ein Kaninchen gegeben.

....

16 Gestern bin ich ins Büro gegangen, aber es war wegen Urlaub geschlossen.

....

17 Mein Hund hat vor einem Jahr ein Auto gestohlen.

....

18 Ich habe das ganze Leben lang in der Werkstatt auf dich gewartet, aber du warst kein Mechaniker.

....

19 Penélope Cruz ist total gestresst, weil ich berühmter bin als sie.

....

20 Ich habe dich heute morgen hundert Mal gerufen. Hast du es nicht gehört?

....

¡Muy bien! Ein großes Stück Weg liegt bereits hinter dir. Damit du dich ein wenig ausruhen kannst, beenden wir dieses Kapitel mit einer kleinen Reise in die Welt der Arbeit. Das kann nicht schaden, falls du eines Tages beschließt, dein Glück in einem spanischsprachigen Land zu versuchen. Mache es dir bequem und… genieße die Reise.

BUSCO TRABAJO
ICH BIN AUF ARBEITSSUCHE

Nach Spanien oder Lateinamerika auf Arbeitssuche gehen: warum nicht? In unserer globalisierten Welt wird es immer üblicher, im Ausland zu arbeiten; Fremdsprachenkenntnisse sind dabei unerlässlich. Das gilt auch für Spanisch, dessen Bedeutung man nicht unterschätzen sollte: Es wird von annähernd 400 Millionen Menschen gesprochen und ist Amtssprache in 22 Ländern. In den Vereinigten Staaten ist es die zweithäufigste Sprache.

CURRÍCULUM VITÆ
DER LEBENSLAUF

Falls du mit dem Gedanken spielst, im Ausland zu arbeiten, solltest du dich zuerst über die Arbeitswelt und über die Anerkennung deiner Studienabschlüsse in deinem Wunschland informieren.
Als nächstes musst du einen Lebenslauf erstellen – deine Visitenkarte sozusagen. Darin hebst du deine Qualitäten hervor und zeigst, warum gerade du die geeignete Person für diesen Job bist. Wenn du Erfolg haben möchtest, sollte dein Lebenslauf gut geschrieben sein und keine Rechtschreibfehler aufweisen. Wir müssen ja wohl nicht erwähnen, dass Grammatikfehler im Lebenslauf ein schlechtes Bild von dir abgeben, also...

Der erste Teil enthält **tus datos personales**.

- **nombre y apellidos** = Name und Nachname
- **dirección** = Anschrift
- **teléfono** = Telefonnummer
- **correo electrónico** = E-mail
- **sexo, fecha y lugar de nacimiento, nacionalidad** = Geschlecht, Geburtsdatum und -ort, Nationalität

Im zweiten Teil schreibst du über zwei Dinge:

- **experiencia profesional** = Berufserfahrung

Unter diesem Punkt führst du in chronologischer Reihenfolge alle Beschäftigungen auf, denen du bisher nachgegangen bist. Dabei beginnst du mit der aktuellsten und gehst zurück bis zur ersten, jeweils unter Angabe des Datums – **la fecha (de... – a...)**.

- **educación y formación académica** = Ausbildung und Studium

Hier gibst du an, was du wann und an welcher Einrichtung studiert hast. Dabei gehst du vor wie beim Punkt Berufserfahrung.

Zum Schluss sprichst du von deinen:

- **capacidades y aptitudes personales** = persönlichen Kompetenzen
- **idiomas** = Fremdsprachenkenntnissen

Du gibst deine Muttersprache (**lengua materna**) an und führst danach sämtliche Fremdsprachen (**otros idiomas**) auf, in denen du über Kenntnisse verfügst. Hierbei gibst du sowohl dein schriftliches als auch dein mündliches Niveau an. An die erste Stelle setzt du die Sprachen, die du am besten beherrscht. (Wir hoffen selbstverständlich, dass Spanisch unter diese Kategorie fällt...).

Ergänzen kannst du deinen Lebenslauf mit persönlichen Kompetenzen, für die du keine Zeugnisse oder Bescheinigungen hast. Gib auch an, ob du einen Führerschein (**permiso de conducir**) besitzt, und wie kurzfristig du dich in dein neues Berufsabenteuer stürzen kannst.

ÜBUNG 55

Unser zerstreuter Freund Juan Martínez hat die wichtigen Informationen in seinem Lebenslauf verteilt. Hilf ihm, die entsprechenden Kategorien zu ergänzen. Verwende dabei die Begriffe, die du gerade gelernt hast.

Currículum vitæ

.... **argentina**

.... **español** (lengua materna)
alemán (comprensión y expresión orales: excelentes)
italiano (comprensión y expresión orales: buenas)
inglés (comprensión y expresión orales: mejorando, gracias al nuevo método de John Peter Sloan)

.... **Septiembre 2012 – Junio 2014. Vendedor en la farmacia "Yo lo curo todo" de Buenos Aires**

.... **Calle Muñoz Arenilla, número 3, 4°B. Córdoba, Argentina**

.... **20/02/1972**

.... **juanitobonito@sdz.com**

.... **Jugar al ajedrez** (Schach) **y saltar a la comba** (Seil springen)

.... **hombre**

.... **Septiembre 2006 – Julio 2011. Universidad de Ciencias de la Salud, Buenos Aires**

.... **+54 678 987 798**

.... **Juan Martínez Rodríguez**

.... **B**

LLAMADAS TELEFÓNICAS EN EL TRABAJO
GESCHÄFTLICHE TELEFONGESPRÄCHE

Überall auf der Welt wird bei der Arbeit am Telefon schnell gesprochen, damit nicht viel Zeit verlorengeht. Wenn du die wichtigsten Ausdrücke kennst, wird es dir leichter fallen zu verstehen, was man dir sagt und dich selbst verständlich zu machen. Ein typisches Telefongespräch:

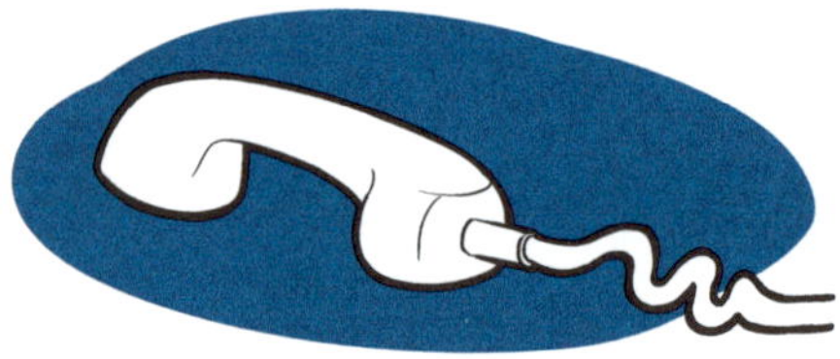

A **Hotel San Felipe, ¿qué desea?**
Hotel San Felipe, was wünschen Sie?

B **Buenos días, llamo por el anuncio de trabajo. Es para el puesto de recepcionista.**
Guten Tag, ich rufe an wegen der Stellenanzeige. Es geht um die Stelle als Rezeptionist.

A **¿Es usted español?**
Sind Sie Spanier?

B **No, soy inglés, pero hablo fluidamente español.**
Nein, ich bin Engländer, aber ich spreche fließend Spanisch.

A **El contrato de trabajo que ofrecemos es de seis meses.**
Der Arbeitsvertrag, den wir anbieten, läuft über sechs Monate.

B **Bien, me interesa mucho.**
Gut, ich bin sehr interessiert.

A **¿Puede venir mañana a las 12 para una entrevista?**
Können Sie morgen um 12 Uhr zu einem Vorstellungsgespräch kommen?

B **Sí, les llevo también mi currículum vitae.**
Ja, ich bringe Ihnen auch meinen Lebenslauf mit.

A **Bien, no lo olvide. Traiga también una foto carné. Hasta mañana.**
Gut, vergesssen Sie ihn nicht. Bringen Sie auch ein Passfoto mit. Bis morgen.

B **Hasta mañana, gracias.**
Bis morgen, danke.

el anuncio de trabajo = Stellenanzeige
la cita = Termin
el contrato = Vertrag
la entrevista = Vorstellungsgespräch
la foto de carnet/tamaño carnet = Passfoto
el puesto de trabajo = (Arbeits)stelle
el sueldo = Lohn, Gehalt

Weitere Vokabeln zum Themengebiet Arbeit findest du im **Abschnitt EyE** am Ende des Buches.

EyE 16 **En la oficina**

ÜBUNG 56

Ergänze die Lücken in der Stellenanzeige mit diesen Worten:
económicas, **entrevista, foto, idiomas, teléfono, seis meses, contrato**

Se necesita recepcionista de hotel.

Preferentemente con experiencia y conocimientos de ……………………. Se ofrece ……………………. de trabajo durante ……………………., prorrogable. Condiciones ……………………. excelentes. Horario solo de tarde. Interesados llamar al número de ……………………. 956 07 43 08 para concertar una ……………………. Necesario presentar Currículum vitæ y ……………………. tamaño carné.

¡OJO! Ein wichtiger Ratschlag: Den Namen oder die Anschrift musst du dir meistens buchstabieren (**deletrear**) lassen. Im Spanischen nennst du, wenn du ein Wort buchstabierst, zum entsprechenden Buchstaben jeweils eine Stadt, die dir gerade einfällt. Den

Namen "**Marcos**" kannst du zum Beispiel so buchstabieren: **M de Madrid, A de Alicante, R de Roma, C de Cuenca, O de Oviedo y S de Salamanca**. Wenn du möchtest, dass man dir ein Wort buchstabiert, sagst du: **¿Me puede deletrear esa palabra, por favor?**

Jetzt darfst du ein wenig üben. Versuche bitte, folgendes zu **deletrear**:

1 deinen Namen

2 den Namen deiner Großmutter

3 den Namen John Peter Sloan

LA ENTREVISTA
BEIM VORSTELLUNGSGESPRÄCH

Es ist selbstverständlich auch wichtig zu wissen, was du sagst, wenn es zu einem Vorstellungsgespräch kommt.
Ein komplettes Gespräch können wir hier leider nicht wiedergeben; wir stellen dir aber einen beispielhaften Dialog vor. Wichtig ist: Der erste Eindruck zählt! Da deine Spanischkenntnisse mittlerweile weit fortgeschritten sind, haben wir auf eine Übersetzung verzichtet. **¿Listo?**
R = **Roberto**
S = **Secretaria 1**
S2 = **Secretaria 2**
D = **Directora**

R **Buenos días, he venido a hacer una entrevista de trabajo.**
S **Buenos días, ¿a quién busca?**
R **Tengo que hablar con la directora.**
S **Debe preguntar a su secretaria personal, segunda puerta a la derecha.**
R **Muchas gracias.**

R **Buenos días, ¿es usted la secretaria personal de la directora?**
S2 **Sí, soy yo. Dígame.**
R **Tengo una cita hoy a las 12 para hacer una entrevista.**

S2 **Espere un momento, por favor, consulto mi agenda... Así es, la directora le espera en su despacho; es el número tres.**
R **Gracias, muy amable.**

(Toc-toc-toc...)

D **Adelante.**
R **Permiso. Tengo una entrevista laboral.**
D **Sí, siéntese, por favor.**

(Sie geben sich die Hand)

R **Un placer.**
D **¡Encantada! Para empezar, me gustaría saber...**

(Fünf Minuten später)

R **¿Eso es todo?**
D **Sí, hemos terminado. Le llamaremos en cuanto tomemos una decisión.**
R **Se lo agradezco.**
D **Le acompaño a la salida.**

PASO

DIEZ

PLANES PARA EL FUTURO

ZUKUNFTSPLÄNE

Sportarten
Hobbys
Musikinstrumente
Futur/1
Futur/2
Es gefällt mir, ich würde gerne
Das Konditional I

10

PASO DIEZ

PLANES PARA EL FUTURO

Zukunftspläne? Anstehende Projekte, konkrete Pläne oder unerfüllbare Träume? In diesem Kapitel lernst du, über deine Hobbys, Interessen und Zukunftspläne zu sprechen und Hypothesen darüber aufzustellen, was du gerne tun würdest. Bist du bereit? **¡Vamos!**

DEPORTES
SPORTARTEN

el baloncesto = Basketball
el béisbol = Baseball
el billar = Billard
el boxeo = Boxen
el ciclismo = Radsport
la equitación = Reitsport
la esgrima = Fechten
el esquí = Skisport
el esquí náutico = Wasserski
el fútbol = Fußball
el golf = Golf
el judo = Judo
la natación = Schwimmen
el rugby = Rugby
el snowboard (Tabla de nieve) = Snowboard
el tenis = Tennis
el tenis de mesa = Tischtennis
el vóleibol = Volleyball

el vóley-playa = Strandvolleyball
el windsurf = Windsurfing

Einige Sportarten erfordern wie im Deutschen das Verb **jugar** (spielen).

Jugar al + baloncesto
béisbol
billar
golf
rugby
tenis
tenis de mesa
vóleibol
vóley-playa

Jugar wird so konjugiert:

	JUGAR
YO	**JUEGO**
TÚ	**JUEGAS**
ÉL, ELLA, USTED	**JUEGA**
NOSOTROS (AS)	**JUGAMOS**
VOSOTROS (AS)	**JUGÁIS**
ELLOS (AS), USTEDES	**JUEGAN**

Juego al baloncesto.
Ich spiele Basketball.
Me gusta jugar al baloncesto.
Ich spiele gerne Basketball.

Andere Sportarten werden durch die Verben **hacer** bzw. **practicar** eingeleitet, wieder andere haben auch ein eigenes Verb:

hacer/practicar + **boxeo ⟶ (boxear)**
ciclismo ⟶ (montar en bicicleta)
esgrima
equitación ⟶ (montar a caballo)
esquí ⟶ (esquiar)
esquí náutico
judo
natación ⟶ (nadar)
snowboard
windsurf

Practico equitación.
Ich betreibe Reitsport.
Monto a caballo.
Ich reite.
Me gusta el esquí.
Ich mag Skisport.
Me gusta esquiar.
Ich fahre gerne Ski.

me gusta = ich mag …

no me gusta = ich mag … nicht

PASATIEMPOS
HOBBYS

¿Qué te gusta hacer en tu tiempo libre? ¿Cuál es tu pasatiempo favorito?
Einige weitverbreitete Hobbys, die du in deiner **tiempo de ocio** betreiben kannst:

me gusta + bailar = tanzen
cantar = singen
cocinar = kochen
dibujar = zeichnen
escuchar música = Musik hören
jugar a videojuegos = Videospiele spielen
ir al cine = ins Kino gehen
sacar fotos = fotografieren
salir = ausgehen
tocar* un instrumento = ein Instrument spielen
viajar = reisen

***Tocar** bedeutet sowohl "ein Instrument spielen" als auch "berühren".

Wenn dir etwas gefällt, kannst du sagen **me gusta** oder auch **a mí me gusta**.

Me gusta viajar.
Ich reise gern.
A mí me gusta viajar.
Ich reise gern.

A MÍ	**ME**	
A TI	**TE**	
A ÉL/ELLA/USTED	**LE**	**GUSTA**
A NOSOTROS (AS)	**NOS**	
A VOSOTROS (AS)	**OS**	
A ELLOS, ELLAS, USTEDES	**LES**	

INSTRUMENTOS MUSICALES
MUSIKINSTRUMENTE

el acordeón = Akkordeon
el arpa = Harfe
la armónica = Mundharmonika
el clarinete = Klarinette
la flauta = Flöte
la guitarra = Gitarre
las maracas = Rumbakugeln
el oboe = Oboe
el piano = Klavier
el saxofón = Saxofon
la batería = Schlagzeug
la trompeta = Trompete
el violín = Geige

ÜBUNG 57

Übersetze und verwende dabei die neuen Wörter. Wie üblich schenken wir dir einige Vokabeln.

dime (sag mal); **no sé** (ich weiß nicht); **perezoso** (faul); **plan** (Plan); **entonces** (dann); **me gustan** (mir gefallen)

1 Sag mal… gibt es etwas, das du gerne tust?

2 Ich weiß nicht… ich bin ziemlich faul (weibliche Form). Ich mag es dazusein, ohne etwas zu tun.

3 Magst du nicht gerne tanzen, Billard oder Harfe spielen?

4 Nein, ich schlafe gerne und mache keine Pläne.

5 Und Tischtennis spielen, zeichnen oder Wasserski fahren?

6 Nein, das mag ich nicht.

7 Was magst du dann?

8 Ich mag Menschen, die keine Fragen stellen. Und du?

FUTURO/1
FUTUR

Welche Pläne hast du für die nahe Zukunft? Was möchtest du zum Beispiel in einer Stunde, morgen oder in den nächsten Tagen tun?
Im Spanischen kannst du feste Pläne oder Absichten mit verschiedenen Verbverbindungen ausdrücken. Die folgenden Futurformen vermitteln, dass das Ereignis ziemlich sicher ist und dass es in der nahen Zukunft stattfinden wird. Wir schauen sie uns gemeinsam an:

IR A + INFINITO

Wenn du von einem bereits geplanten Ereignis oder einer geplanten Handlung sprichst, verwendest du das Verb **ir**, gefolgt von der Präposition **a** und dem Verb im Infinitiv.

Mañana vamos a ver una película.
Morgen schauen wir einen Film an.
Dentro de una semana voy a trasladarme a otro barrio.
In einer Woche ziehe ich in einen anderen Stadtteil um.

PENSAR + INFINITO

Mit dieser Form drückst du eine Absicht aus. Sie entspricht dem deutschen "etwas vorhaben".

¿Piensas venir con nosotros o prefieres quedarte en casa?
Hast du vor, mit uns zu kommen, oder bleibst du lieber zu Hause?
Pienso ir a visitarte en estos días.
Ich habe vor, dich in den nächsten Tagen zu besuchen.

ESTAR PARA/ESTAR A PUNTO DE + INFINITO

Estar para oder **estar a punto de** - gefolgt vom Infinitiv - verwendet man für eine unmittelbar bevorstehende Handlung. Im Deutschen werden diese Wendungen mit dem Präsens und dem Adverb "demnächst" oder "gleich" übersetzt.

Está para llover. ¿Tienes un paraguas?
Es regnet gleich. Hast du einen Regenschirm?

Tenemos que salir corriendo: las tiendas están a punto de cerrar.
Wir müssen schnell gehen: Die Läden schließen demnächst.

ESTAR POR + INFINITO

Dieser Ausdruck wird ebenfalls für eine Handlung verwendet, die bevorsteht. Dabei wird aber die Absicht bzw. der Wunsch, diese zu begehen (Futur der Absicht) hervorgehoben.

Estamos por ver el partido en casa de John, pero no sabemos si nos va a abrir la puerta.
Wir würden das Spiel gerne bei John zu Hause anschauen, aber wir wissen nicht, ob er uns die Tür öffnet.

ÜBUNG 58

Teste dein Wissen und übersetze die folgenden Sätze. Entscheide du, welcher Ausdruck am besten passt.

ajedrez (Schach); **en realidad** (eigentlich); **tablero de ajedrez** (Schachbrett)

1 Was machst du heute Abend?

....

2 Ich habe vor, mit Conchita auf der Straße Geige zu spielen.

....

3 Eigentlich würde Conchita gerne zu mir nach Hause kommen, um Schach zu spielen.

....

4 Was habt ihr also vor zu tun?

....

5 Wir gehen ein Schachbrett kaufen: Der Laden schließt gleich.

....

FUTURO SIMPLE
FUTUR/2

Wir kommen jetzt zum eigentlichen Futur. Man verwendet es für Ereignisse, die zeitlich weiter entfernt sind und deren Erfüllung nicht sicher ist. Die Bildung der Verbformen ist mehr als einfach: Du nimmst lediglich den Infinitiv und hängst in allen drei Konjugationen dieselben Endungen an. **Simple, ¿no?** Schauen wir die Formen an.

	TOCAR	PERDER	IR
YO	TOCAR**É**	PERDER**É**	IR**É**
TÚ	TOCAR**ÁS**	PERDER**ÁS**	IR**ÁS**
ÉL, ELLA, USTED	TOCAR**Á**	PERDER**Á**	IR**Á**
NOSOTROS (AS)	TOCAR**EMOS**	PERDER**EMOS**	IR**EMOS**
VOSOTROS (AS)	TOCAR**ÉIS**	PERDER**ÉIS**	IR**ÉIS**
ELLOS (AS), USTEDES	TOCAR**ÁN**	PERDER**ÁN**	IR**ÁN**

Mañana iré a tu casa y tocaré el timbre.
Morgen werde ich zu dir nach Hause kommen und klingeln.

Tú me verás en la puerta y no perderás tiempo.
Du wirst mich an der Tür sehen und keine Zeit verlieren.
Viviremos juntos felices y contentos.
Wir werden glücklich und zufrieden zusammenleben.

Mit dem **futuro simple** drückt man eine Absicht aus (John packt seinen Koffer. Verreist er?).

Mañana cogerá el avión para París y se quedará allí una semana.
Morgen nimmt er das Flugzeug nach Paris und wird eine Woche lang dort bleiben.
Estupendo: puesto que John nos ha prometido un viaje, nos iremos todos a París.
Wunderbar: Nachdem John uns eine Reise versprochen hat, werden wir alle nach Paris gehen.
¿Ah, sí? ¿Y quién pagará el viaje?
Ach ja? Und wer bezahlt die Reise?
John, ¡por supuesto!
John selbstverständlich!

Du kannst mit dem **futuro simple** auch eine Wahrscheinlichkeit oder eine Vermutung zum Ausdruck bringen.

¿Cuántos años tendrá John?
Wie alt wird John wohl sein?
¡Qué sé yo! Tendrá unos cuarenta años, pero, claro, él dice que tiene veinte.
Was weiß ich? Er wird so um die vierzig sein, aber er sagt natürlich, er sei zwanzig.
¿Será verdad?
Ob das wohl stimmt?
¿Estará loco?
Ist er vielleicht verrückt?

Mit dem **futuro simple** kann man auch einen Befehl aussprechen oder eine nachdrückliche Bitte äußern.

John, prométeme que ya no dirás mentiras acerca de tu edad.
John, versprich mir, dass du über dein Alter nicht lügen wirst.

Hoy no saldrás porque no has estudiado.
Heute wirst du nicht ausgehen, weil du nicht gelernt hast.

Man verwendet das **futuro simple** schließlich auch in Ausrufen, um seine Überraschung auszudrücken.

¡Será posible!
Das ist nicht zu fassen!
¡Tendrá cara!
Was für eine Frechheit!

Schauen wir, was mit den folgenden Verben geschieht: Sie sind unregelmäßig, und ihr Stamm ändert sich im Futur. Die Endungen der Verben bleiben zum Glück gleich.

	CABER → CABR-	
	DECIR → DIR-	
	HABER → HABR-	
YO	**HACER → HAR-**	**É**
TÚ	**PODER → PODR-**	**ÁS**
ÉL, ELLA, USTED	**PONER → PONDR-**	**Á**
NOSOTROS (AS)	**QUERER → QUERR-**	**EMOS**
VOSOTROS (AS)	**SABER → SABR-**	**ÉIS**
ELLOS (AS), USTEDES	**SALIR → SALDR-**	**ÁN**
	TENER → TENDR-	
	VALER → VALDR-	
	VENIR → VENDR-	

Sicher ist dir aufgefallen, dass es für das Futur einige **marcadores temporales** gibt. Diese Zeitangaben kennst du zwar schon, aber wir schauen sie uns nochmals an:

luego = später, dann
más tarde = später
después = danach
esta tarde = heute Nachmittag
esta noche = heute Abend
mañana = morgen
mañana por la mañana = morgen Vormittag
mañana por la tarde = morgen Nachmittag
mañana por la noche = morgen Abend
pasado mañana = übermorgen
la semana que viene = kommende Woche
el mes que viene = kommenden Monat
el año que viene = kommendes Jahr
la próxima semana = nächste Woche
el próximo mes = nächsten Monat
el próximo año = nächstes Jahr
dentro de una hora = in einer Stunde
dentro de dos días = in zwei Tagen
dentro de una semana = in einer Woche
dentro de un mes = in einem Monat
dentro de un año = in einem Jahr
este fin de semana = dieses Wochenende
en primavera = im Frühjahr
en verano = im Sommer
en otoño = im Herbst
en invierno = im Winter
en enero = im Januar
en febrero = im Februar
en marzo = im März

ÜBUNG 59

Bist du bereit für eine letzte Wiederholung ? **¡Vamos!**
éxito musical (Hit); **admiradora** (Bewunderin); **un montón** (hier: köstlich); **periódico** (Zeitung); **conmigo** (mit mir); **dedicarse** (sich widmen); **estupendo** (fantastisch); **dormir hasta tarde** (lang schlafen)

1 Im kommenden Jahr um diese Uhrzeit werde ich ein hübscher, reicher und berühmter Sänger sein.

....

2 Ich werde viele Hits singen und viele Bewunderinnen haben.

....

3 Ich werde mit ihnen ausgehen und wir werden uns köstlich amüsieren.

....

4 Morgens werde ich lang schlafen, und ich werde keine Zeitung lesen.

....

5 Ich werde mich meinen Hobbys widmen können.

....

6 Meine Bewunderinnen werden das ganze Jahr über mit mir reisen.

....

7 Im Sommer werden wir Piña Colada am Strand trinken und Volleyball spielen.

....

8 Im Winter werden wir Ski fahren und reiten.

....

9 Du wirst sehen, es wird fantastisch.

....

ME GUSTA, ME GUSTARÍA
ES GEFÄLLT MIR, ICH WÜRDE GERNE

Nachdem du jetzt sagen kannst, was du gerne tust und welche Zukunftspläne du hast, bist du bereit für den nächsten Schritt. Wir verlassen das Reich der Gewissheit und betreten das der Hypothesen und Möglichkeiten. Lies dir die folgenden Sätze aufmerksam durch.

Me gusta bailar contigo.
Ich tanze gerne mit dir. → Das ist eine Tatsache - ich habe bereits mit dir getanzt.

Me gustaría bailar contigo.
Ich würde gerne mit dir tanzen. → Es ist ein Wunsch von mir.

¿Te gustaría bailar conmigo?
Würdest du gerne mit mir tanzen? → Ich mache dir einen Vorschlag.

Im Gegensatz zu **me gusta** drückt **me gustaría** eine Absicht oder einen Wunsch mit ungewissem Ausgang aus, der nicht in deiner Macht liegt. Du verwendest es sowohl für eine mehr oder weniger konkrete Möglichkeit als auch für Aufforderungen, Vorschläge und Ratschläge. Nehmen wir zum Beispiel Pepa: Sie ist müde und ein wenig traurig.

Le gustaría salir y distraerse.
Sie würde gerne ausgehen und sich ablenken.
Le gustaría dormir todo el día.
Sie würde gerne den ganzen Tag schlafen.
} → konkret möglich

äußerst unwahrscheinlich ←

Le gustaría ganar la lotería para no trabajar más.
Sie würde gerne im Lotto gewinnen, um nicht mehr arbeiten zu müssen.
Le gustaría ser una princesa para no mover un dedo.
Sie wäre gerne eine Prinzessin, um keinen Finger mehr rühren zu müssen.

CONDICIONAL SIMPLE
DAS KONDITIONAL I

Was du gerade gesehen hast, war ein kleiner Vorgeschmack auf das Konditional – in diesem Fall in Verbindung mit dem Ausdruck **me gusta**. Im Weiteren wollen wir sehen, wann und wo man das Konditional verwendet. Gebildet wird es aus dem Infinitiv des Verbs und den entsprechenden Endungen, die in allen drei Konjugationen gleich lauten – wie beim Futur.

	HABLAR	BEBER	IR
YO	HABLAR**ÍA**	BEBER**ÍA**	IR**ÍA**
TÚ	HABLAR**ÍAS**	BEBER**ÍAS**	IR**ÍAS**
ÉL, ELLA, USTED	HABLAR**ÍA**	BEBER**ÍA**	IR**ÍA**
NOSOTROS (AS)	HABLAR**ÍAMOS**	BEBER**ÍAMOS**	IR**ÍAMOS**
VOSOTROS (AS)	HABLAR**ÍAIS**	BEBER**ÍAIS**	IR**ÍAIS**
ELLOS (AS), USTEDES	HABLAR**ÍAN**	BEBER**ÍAN**	IR**ÍAN**

Schau dir bitte an, was mit diesen Verben geschieht: Siehst du, dass die Veränderung des Verbstammes der im Futur entspricht?

	CABER → CABR-	
	DECIR → DIR-	
	HABER → HABR-	
YO	**HACER → HAR-**	**ÍA**
TÚ	**PODER → PODR-**	**ÍAS**
ÉL, ELLA, USTED	**PONER → PONDR-**	**ÍA**
NOSOTROS (AS)	**QUERER → QUERR-**	**ÍAMOS**
VOSOTROS (AS)	**SABER → SABR-**	**ÍAIS**
ELLOS (AS), USTEDES	**SALIR → SALDR-**	**ÍAN**
	TENER → TENDR-	
	VALER → VALDR-	
	VENIR → VENDR-	

Das **condicional simple** verwendet man für Hypothesen oder mögliche Ereignisse in der Gegenwart und in der Zukunft.

Me gustaría salir contigo, pero siempre estás tumbado en el sofá.
Ich würde gerne mit dir ausgehen, aber du liegst immer auf dem Sofa.
Me encantaría tener un perro.
Ich würde sehr gerne einen Hund halten.
Iría contigo al cine, pero tengo que leer Instant Spanisch.
Ich würde gerne mit dir ins Kino gehen, aber ich muss Instant Spanisch lesen.

Du kannst mit dem **condicional simple** auch Ratschläge erteilen oder Vorschläge machen. Es steht dann oft zusammen mit Ausdrücken wie: **yo que tú/en tu lugar** (ich an deiner Stelle), **si yo fuera tú** (wenn ich du wäre).

Yo, en tu lugar, bebería menos.
Ich würde an deiner Stelle weniger trinken.
Y yo, si fuera tú, hablaría menos.
Und wenn ich du wäre, würde ich weniger reden.

Mit dem **condicional simple** kannst du Vermutungen anstellen oder eine Wahrscheinlichkeit in der Vergangenheit ausdrücken. Erinnerst du dich noch an das Futur, mit dem du eine Vermutung anstellst? Lies dir diese Sätze bitte durch:

¿Cuántos años tendrá John?
Wie alt wird John wohl sein?
Tendrá unos cuarenta años.
Er wird um die vierzig sein.

***¿Cuántos años tendría John en 1980?**
Wie alt wird John 1980 wohl gewesen sein?
***Tendría unos cuarenta años.**
Er wird um die vierzig gewesen sein.

*Hier verwendet man im Spanischen das Konditional, im Deutschen das Futur II.

Mit dem **condicional simple** kannst du auch eine Bitte oder einen Vorschlag höflich formulieren:

¿Podrías ayudarme, por favor?
Könntest du mir bitte helfen?
Sería mejor que no.
Besser nicht.

Und schließlich kannst du mit dem **condicional simple** auch ein Futur in der Vergangenheit ausdrücken:

Mi novio dijo que llegaría a las 3; son las 7 y todavía no ha llegado.
Mein Freund sagte, er werde um 3 Uhr ankommen. Es ist 7 Uhr, und er ist noch nicht gekommen.
Pensaba que se pondría en contacto conmigo.
Ich dachte, er würde sich mit mir in Verbindung setzen.

Und jetzt verraten wir dir einen kleinen Trick: Um ein Futur in der Vergangenheit auszudrücken, musst du nicht alle Konditionalformen kennen. Du kannst stattdesssen auch den Ausdruck **ir a + infinito** verwenden. Natürlich musst du die Zeit anpassen und das Verb **ir** im Imperfekt konjugieren.

Mi novio dijo que iba a llegar a las 3.
Mein Freund sagte, er werde um 3 Uhr kommen.
Son las 7. Pensaba que iba a llegar a tiempo.
Es ist 7 Uhr. Ich dachte, er würde rechtzeitig kommen.

ÜBUNG 60

Übersetze bitte diese Konditionalsätze. Die Wörter unten helfen dir dabei.

de vez en cuando (ab und zu); **museo de cera** (Wachsfigurenmuseum); **falta** (fehlt); **juntos** (zusammen)

1 Ich würde gerne ab und zu mit dir ausgehen.

....

2 Ja, das wäre fantastisch.

....

3 Wir könnten zum Supermarkt oder ins Wachsfigurenmuseum gehen.

....

4 Ja, wir würden uns köstlich amüsieren.

....

5 Du würdest Liz Taylor anschauen und mich küssen.

....

6 Und ich würde daran denken, dass zu Hause keine Milch ist.

....

7 Wir würden zusammen nach Hause gehen und hätten nichts zu tun.

....

8 Danach würden wir ausgehen und sehen, dass es gleich regnen würde.

....

9 Ich hätte den Schirm und würde ihn öffnen.

....

10 Es wäre alles sehr romantisch.

....

PASO

ONCE

DE VIAJE

AUF REISEN

Bist du reisefertig?
Online-Tickets
Flugzeug
Im Fundbüro
Gepäck
Taxi
Hotel
An der Rezeption
¡Caramba, qué sorpresa!
Einen Tisch reservieren
Züge
Im Café
Museen
Unterwegs
Beim Shopping

11

PASO ONCE

DE VIAJE

Deine Sprachkenntnisse sind mittlerweile so weit fortgeschritten, dass du dich im spanischsprachigen Raum gut verständigen kannst. Aber bevor wir uns von dir verabschieden, möchten wir dich ein letztes Mal beschenken. Dieses Kapitel soll deine mündliche Ausdrucksfähigkeit auf unterhaltsame Weise bereichern. Du wirst hier einer Reihe von Situationen begegnen, in denen auch du dich bestimmt wiederfindest.
Ein wichtiges Detail vorab:

La(s) lengua(s) española(s)
Warum **las lenguas**? Musst du etwa noch weitere zwanzig Bände durcharbeiten, bevor du Spanisch sprechen kannst? Sicher nicht! Spanisch wird in vier Kontinenten gesprochen und daraus entstehen viele geographischen Varietäten derselben Sprache. Die meisten Unterschiede betreffen Aussprache und Wortschatz, jedoch handelt es sich immer um dieselbe Sprache, das heißt, alle können mitaneinander problemlos kommunizieren. Also, ob **español de España** oder **español de México**... du wirst einfach mitreden können!

¿LISTO PARA VIAJAR?
BIST DU REISEFERTIG?

Auf den nächsten Seiten werden wir Schritt für Schritt Stefanie und David, einem jungen Brautpaar, folgen, die beschlossen haben, abzuschalten und sich eine Reise nach Spanien zu gönnen. Stefanie hat schon immer davon geträumt, die Sehenswürdigkeiten Madrids kennenzulernen und möchte dort gerne eine Picasso-Ausstellung besuchen. Sie ist nämlich eine große Verehrerin dieses Künstlers. David, ein Bayern-Fan, hat bereits eine Eintrittskarte für das Spiel Real Madrid gegen FC Bayern im **Estadio Santiago Bernabéu** gekauft.

- Für eine Reise nach Spanien genügt der Personalausweis (in Spanien heißt er **DNI, documento nacional de identidad**).
- Für alle, die in den letzten fünfzig Jahren hinter dem Mond gelebt haben: Spanien gehört zur EU, und die offizielle Währung ist der Euro.

Kommen wir zu den Vorbereitungen. Bist du startklar? **¡Vamos!**

BILLETES ONLINE
ONLINE-TICKETS

Dank Billigflügen kannst du heute einen Flug nach Madrid günstiger bekommen als eine Zugfahrt von Stuttgart nach München. Wenn du deine Tickets über die Seite einer spanischen Fluggesellschaft buchst, triffst du womöglich auf einige neue Wörter, von denen wir die wichtigsten hier aufgelistet haben. Versuche bitte, sie laut zu lesen.

el avión = Flugzeug
la búsqueda = Suche
el aeropuerto de origen = Ausgangsflughafen
el destino = Bestimmungsort
el billete = Ticket
ida y vuelta = hin und zurück
la fecha = Datum
la reserva = Reservierung
la confirmación = Bestätigung
el pago = Zahlung
la modificación del vuelo = Flugänderung
el estado del vuelo = Flugstatus
el equipaje = Gepäck
los objetos no permitidos = nicht erlaubte Gegenstände
elegir asientos = Sitzplätze wählen
la tarjeta de embarque = Boardingkarte

Weitere Vokabeln rund ums Reisen findest du im **Abschnitt EyE** am Ende des Buches.

EyE 17 **Viajar**

AVIÓN
FLUGZEUG

Im Handumdrehen befinden sich Stefanie und David an Bord des Flugzeugs, das sie nach Madrid bringen wird. Die Stewardess geht durch die Passagierreihen und fragt, ob sie etwas trinken möchten.

A = **azafata** (Stewardess)
S = **Stefanie**

A **¿Algo para beber?**
Etwas zu trinken?

S **Sí, ¿qué tienen?**
Ja, was haben Sie?

A **Tenemos té, café, leche, cerveza, agua mineral con gas o sin gas, limonada, zumo de fruta: naranja, manzana, piña…**
Wir haben Tee, Kaffee, Milch, Bier, Mineralwasser mit oder ohne Kohlensäure, Limonade, Fruchtsaft: Orange, Apfel, Ananas…

S **Un vaso de agua sin gas, gracias.**
Ein Glas Wasser ohne Kohlensäure, danke.

A **¿Con hielo?**
Mit Eis?

S **Sí, por favor.**
Ja, bitte.

A **¿Y limón?**
Und Zitrone?

S **No, gracias.**
Nein, danke.

Zweieinhalb Flugstunden später landen sie am Terminal 1 des Flughafens Madrid-Barajas. David und Stefanie stehen am Gepäckband. Nach und nach entfernen sich alle mit ihrem Gepäck – außer den Bauers, deren großer Koffer noch immer fehlt. Nach einer Stunde Wartezeit ist klar, dass ihr Gepäck wohl nicht mehr kommen wird.

EQUIPAJE PERDIDO
IM FUNDBÜRO

Unsere beiden Helden begeben sich also ins Fundbüro (**reclamación de equipaje**) und wenden sich an den Angestellten.

A = **Angestellter**
D = **David**

A **¿En qué vuelo viajaban?**
Mit welchem Flug sind sie gereist?
D **El avión salía de Múnich**
Der Flug ging ab München.
A **¿Cuántas son las maletas perdidas?**
Wie viele Gepäckstücke sind verloren gegangen?
D **Solamente una.**
Nur eines.
A **¿Me la puede describir, por favor?**
Können Sie es mir bitte beschreiben?
D **Claro que sí. Es grande y verde.**
Aber klar doch! Es ist groß und grün.
A **¿En qué hotel se alojarán?**
In welchem Hotel werden Sie wohnen?
D **En el Hotel California.**
Im Hotel California.
A **¿Prefiere que le enviemos la maleta al hotel o la recoge aquí en el aeropuerto?**
Ist es Ihnen lieber, wenn wir den Koffer ins Hotel schicken, oder holen Sie ihn hier am Flughafen ab?
D **Mejor al hotel, gracias.**
Lieber ins Hotel, danke.
A **¿Me puede dejar un número de teléfono? Así podremos llamarle.**
Können Sie mir eine Telefonnummer geben? Dann können wir Sie anrufen.
D **Por supuesto.**
Selbstverständlich.

David gibt dem Angestellten seine Handynummer.

Lies diese Nummern bitte laut, um ein wenig zu üben (je schneller du sprichst, desto besser):

+49 140 2329078
+49 130 0905468
+49 120 4923528

EQUIPAJE
GEPÄCK

TAXI
TAXI

Vom Flughafen in Madrid kommst du mit der U-Bahn bequem ins Zentrum. Das U-Bahn-Netz ist mit mehr als 12 Linien eines der besten Europas.

Nein, John, es interessiert uns nicht, wie viele Linien es in London gibt... Außerdem kommst du aus Birmingham!

D = **David**
J = **Junge**
T = **Taxifahrer**

D **Disculpe, ¿dónde podemos coger un taxi?**
Entschuldigung, wo können wir ein Taxi nehmen?
J **Enfrente de la salida tienen la parada de taxi.**
Der Taxistand befindet sich dem Ausgang gegenüber.
D **Muchas gracias.**
Vielen Dank.
J **De nada.**
Keine Ursache.

Im Taxi...

T **Buenos días señores, ¿adónde les llevo?**
Guten Tag, die Herrschaften, wohin soll ich Sie bringen?
D **Buenos días, ¿nos lleva al Hotel California, por favor?**
Guten Tag, bringen Sie uns bitte ins Hotel California?
T **De acuerdo. ¡Bienvenidos a Madrid!**
Einverstanden. Willkommen in Madrid!

Vor dem Hotel...

D **¿Cuánto le debo?**
Wie viel bin ich Ihnen schuldig?
T **Son 30 euros, gracias.**
Das macht 30 Euro, danke.
D **Aquí tiene. Adiós.**
Hier, bitte. Auf Wiedersehen.
T **Bueno, hasta luego.**
Okay, auf Wiedersehen.

Der Taxifahrer hätte auch sagen können: **¡Que disfruten de las vacaciones!** (genießen Sie Ihren Urlaub), aber er hat es nicht getan. Ziemlich sicher hatte er auf ein Trinkgeld (**propina**) gehofft – und es nicht bekommen.

Weitere Begriffe rund ums Geld findest du im **Abschnitt EyE** am Ende des Buches.

EyE 18 **Pagar**

HOTEL
HOTEL

Im Hotel angekommen entdecken Stefanie und David, dass ihr Abenteuer gerade erst begonnen hat. Unter ihrem Namen ist kein Zimmer reserviert; sie sind gezwungen, sich eine andere Unterkunft zu suchen. Mit letzter Kraft beschließen sie, in einem anderen Hotel anzurufen.

R = **Recepcionista** (Empfangschef)
S = **Stefanie**

R **Buenas tardes, Hotel Florida, ¿cómo puedo ayudarle?**
Hotel Florida, guten Abend, wie kann ich Ihnen helfen?

S **Quisiera reservar una habitación, por favor.**
Ich möchte gerne ein Zimmer reservieren, bitte.

R **¿Para cuándo, señora?**
Für wann?

S **¿Tiene algo disponible para esta misma noche?**
Haben Sie für diese Nacht etwas frei?

R **¿Qué tipo de habitación desea?**
Welche Art von Zimmer wünschen Sie?

S **Una habitación doble con cama de matrimonio, gracias.**
Ein Doppelzimmer mit einem Doppelbett, danke.

R **Perfecto. Compruebo nuestra disponibilidad... Sí, nos queda una libre.**
Perfekt. Ich prüfe nach, was wir verfügbar haben... Ja, wir haben noch eines frei.

S **Muy bien. ¿Cuánto cuesta la noche?**
Sehr gut. Wie viel kostet die Übernachtung?

R **¿Con o sin desayuno incluido?**
Mit oder ohne Frühstück?

S **Con desayuno, gracias.**
Mit Frühstück, bitte.

R **Son 90 euros por noche.**
Das macht 90 Euro pro Nacht.

S **Muy bien, me gustaría reservarla.**
Sehr gut, ich würde es gerne reservieren.

R **¿A nombre de...?**
Unter dem Namen... ?

S **Bauer.**
Bauer.

R **¿Puede deletrear por favor?**
Können Sie das bitte buchstabieren?

S **Be, a, u, e, ere**
Be, a, u, e, er

R **Perfecto. Su número de reserva es 252. Gracias por haber elegido Hotel Florida. Buenas tardes.**
Perfekt. Ihre Reservierungsnummer ist die 252. Danke, dass Sie das Hotel Florida gewählt haben. Guten Abend.

S **Gracias, buenas tardes.**
Danke, guten Abend.

Bei Ihrer Ankunft im Hotel Florida wenden sich die beiden an die Rezeption (**recepción**).

RECEPCIÓN
AN DER REZEPTION

S **Buenos días, hemos reservado una habitación a nombre de Bauer.**
Guten Tag, wir haben unter dem Namen Bauer ein Zimmer reserviert.

R **Buenos días, ¿me pueden dar un documento, por favor?**
Guten Tag, können Sie mir bitte einen Ausweis geben?

S **Aquí tiene. ¿Cuál es el horario del desayuno?**
Hier, bitte. Wann gibt es Frühstück?

R **De 8 a 10 de la mañana.**
Von 8 bis 10 Uhr morgens.

S **¿El hotel cierra a alguna hora?**
Schließt das Hotel um eine bestimmte Uhrzeit?

R **Está siempre abierto. Pero si las puertas están cerradas, toquen el timbre. Aquí tienen sus llaves.**
Es ist immer geöffnet, aber wenn die Türen geschlossen sind, klingeln Sie bitte. Hier sind Ihre Schlüssel.

S **Muchas gracias.**
Vielen Dank.

Nachdem sie ihr (verbliebenes) Gepäck im Zimmer abgestellt haben, begeben sich unsere beiden Turteltauben auf einen Spaziergang ins Zentrum der Stadt.
Ihr Ziel ist das Museum Reina Sofía, einer der ersten Programmpunkte auf Stefanies Wunschliste.
David ergibt sich in sein Schicksal, denn er weiß, dass er morgen ins Bernabéu-Stadion darf, um seine Lieblingsmannschaft FC Bayern anzufeuern.

¡CARAMBA, QUÉ SORPRESA!

Die Bauers sind im Museum angelangt. Stefanie ist ganz aufgeregt. Irgendwann stehen sie vor Picassos berühmten *Guernica*, wo sich zur großen Überraschung der beiden Pablito, der Geist Pablo Picassos, materialisiert. Beim Anblick Stefanies scheint der Meister seine Inspiration wiederzufinden: Bezaubert von ihrer Schönheit spricht er sie unter dem Vorwand an, ein Portrait von ihr zeichnen zu wollen.

Die drei beginnen munter zu plaudern. Pablito erklärt, dass er, obwohl er in Málaga geboren wurde, Madrid seiner internationalen Atmosphäre wegen liebt. Dann bietet er sich ohne Umschweife als persönlicher Museumsführer an.

S **¡Hombre! ¡Qué maravilla!**
Mensch! Das ist ja wunderbar!

D **¿Y mi retrato...?**
Und mein Portrait...?

RESERVAR UNA MESA
EINEN TISCH RESERVIEREN

Die Spanier gehen gerne zum Abendessen aus. Um es in schlichte Worte zu fassen: Wenn du dir den Bauch vollschlagen möchtest, reservierst du besser mit einem gewissen Vorlauf einen Tisch. Wie? Folge einfach dem Beispiel Davids (er ist ein eher ängstlicher Typ und hat bereits um 3 Uhr nachmittags angerufen - das ist nicht unbedingt nötig).

C – **Camarero** (Ober)
D = **David**

D **Buenas tardes, ¿Restaurante Don Pedro?**
Guten Tag, ist dort das Restaurant Don Pedro.

C **Sí señor, buenas tardes.**
Ja, guten Tag.

D **Buenas tardes, quisiera reservar una mesa para dos personas y un fantasma, por favor.**
Guten Tag, ich möchte bitte einen Tisch für zwei Personen und einen Geist reservieren.

C **Muy bien, señor, ¿para qué hora?**
Sehr gut, für welche Uhrzeit?

D **Para las 9 y media, gracias.**
Für 21.30 Uhr, danke.

C **Está bien. ¿Su nombre, por favor?**
Geht in Ordnung. Ihr Name bitte?

D **B-A-U-E-R.**
B-A-U-E-R.

C **Perfecto, señor Bauer, su mesa está reservada. Le recuerdo que los fantasmas no pagan cubierto.**
Perfekt, Herr Bauer, Ihr Tisch ist reserviert. Ich möchte Sie darauf aufmerksam machen, dass Geister kein Gedeck bezahlen.

D **Muchas gracias, hasta luego.**
Vielen Dank, bis später.

C **Hasta luego, señor.**
Bis später.

Ganz in der Nähe des Museums liegt der **Parque del Buen Retiro** - ein großer Park, der früher der Königin vorbehalten war und heute ein beliebter Treffpunkt für **madrileños** und Touristen ist. Lange Alleen und der berühmte Bootsteich sorgen für eine romantische Atmosphäre. Auch der Geist **Pablito** scheint dieser zu erliegen...

S **¡Qué lugar tan romántico!**
Welch romantischer Ort!

P **Es la sonrisa de tus labios, que ilumina el cielo.**
Es ist das Lächeln auf deinen Lippen, das den Himmel erhellt.

D **Espero que el cielo también esté igual mañana, cuando juegue el FC Bayern.**
Ich hoffe, dass der Himmel auch morgen noch so aussieht, wenn der FC Bayern spielt...

S **Parece que quiere/ama a su equipo más que a mí.**
Er liebt seine Mannschaft wohl mehr als mich.

Nach diesem Ausflug verabschiedet Pablito sich von den Bauers – nicht ohne das Versprechen an Stefanie, sie zu den Sehenswürdigkeiten und Museen Madrids zu führen, wenn sie zu zweit sind. Am Tag darauf möchte David zum Spiel des Jahres ins Stadion gehen – und zwar alleine. Ob das nicht nur eine Ausrede ist, um den sicheren Sieg des FC Bayern mit viel **cerveza** zu feiern?

TRENES
ZÜGE

Überraschungen und kein Ende: Luis, ein alter Kumpel Davids, hat beschlossen, diesem in die **capital** nachzureisen, um mit ihm zusammen das Spiel anzuschauen.
Barcelona hat er per Schiff erreicht; die letzte Etappe möchte er per Bahn zurücklegen. Er tritt an den Fahrkartenschalter .

L = **Luis**
A = **Angestellter** (empleado)

L **¿A qué hora sale el primer tren para Madrid?**
Um wie viel Uhr geht der erste Zug nach Madrid?

A **A las 8 de la mañana por la vía 5.**
Um 8 Uhr morgens von Gleis 5.

L **¿Es un tren directo?**
Ist es ein direkter Zug?

A **Claro que sí.**
Gewiss.

L **Entonces, deme un billete de ida y vuelta para Madrid, por favor.**
Dann geben Sie mir bitte eine Rückfahrkarte nach Madrid.

A **Son 50 euros, gracias.**
Das macht 50 Euro, danke.

L **¿Puedo pagar con tarjeta de crédito?**
Kann ich mit Kreditkarte bezahlen?

A **Por supuesto.**
Selbstverständlich.

Wir wissen schon, was du dich gerade fragst, und die Antwort lautet: Ja, Luis hatte *Instant Spanisch* als Reiselektüre dabei.

In der Zwischenzeit...

Stefanie und Pablito treffen sich an der **Puerta del Sol**, dem zentralen Platz in Madrid, um dort zusammen zu frühstücken. Er lädt sie in seinem Überschwang (oder vielleicht aus Liebe?) in ein berühmtes Café ein.

CAFETERÍA
IM CAFÉ

C = **Camarero**
P = **Pablito**
S = **Stefanie**

C **Buenos días, ¿qué desean desayunar?**
Guten Tag, was wünschen Sie zum Frühstück?
P **¿Qué nos recomienda?**
Was empfehlen Sie uns?
C **Tenemos tostadas con mantequilla o mermelada, sándwich de jamón y queso, bollos, chocolate con churros...**
Wir haben Toasts mit Butter oder Marmelade, Sandwiches mit Schinken und Käse, Brötchen, heiße Schokolade mit *churros*...
P **Una taza de chocolate con churros, por favor.**
Für mich bitte eine Tasse heiße Schokolade mit *churros*.
S **Para mí solo un café con hielo.**
Für mich nur einen Eiskaffee.
P **¿Estás a dieta?**
Bist du auf Diät?
S **No, es que tú no tienes bolsillos y tendré que pagar yo...**
Nein, aber du hast keine Taschen, und ich werde zahlen müssen...

ANMERKUNG DES HERAUSGEBERS

Das weitere Gespräch wurde auf ausdrücklichen Wunsch der Beteiligten nicht aufgezeichnet. Der Verlag weist jegliche Verantwortung für eventuelle Seitensprünge seiner Protagonisten zurück.

MUSEOS
MUSEEN

Diese Sätze kannst du möglicherweise brauchen:

¿Dónde está el museo?
Wo ist das Museum?
¿A qué hora abre/cierra el museo?
Wann öffnet/schließt das Museum?
¿La entrada es gratuita?
Ist der Eintritt frei?
¿Está permitido sacar fotografías?
Ist Fotografieren erlaubt?
¿Cuánto cuesta la entrada?
Wie viel kostet der Eintritt?
¿Se hacen visitas guiadas?
Gibt es Führungen?

Kommen wir zurück zu Pablito und den Bauers: **el desayuno** ist beendet. Stefanie und Picassos Geist nehmen Abschied voneinander. Ihre Zeit der Zweisamkeit ist leider vorüber; jetzt können sie nur noch Museen und Kirchen besichtigen. David schließt sich Ihnen an, nachdem er die 0:6 Niederlage seiner Mannschaft im Spiel gegen die Champions der spanischen Liga mit ansehen musste.

Um David von seiner Trauer abzulenken, spazieren die drei durch die **calle Mayor** mit ihren vielen Souvenirläden. Auch typisch spanische Produkte werden dort angeboten.
Die Ladenöffnungszeiten in Madrid sind sehr flexibel. Im Zentrum gibt es zu jeder Zeit Geschäfte, die geöffnet sind.

POR LA CALLE
UNTERWEGS

So kannst du Informationen einholen:

Disculpe, estoy perdido/a.
Entschuldigung, ich habe mich verlaufen.
Perdone, ¿sabe dónde está...?
Entschuldigung, wissen Sie, wo ... ist?
Por favor, ¿sabe cómo llegar a...?
Wissen Sie bitte, wie man nach .... kommt?
¿Cuál es el camino más corto para llegar a...?
Welches ist der kürzeste Weg nach... ?
¿Hay un bar por aquí?
Gibt es hier in der Nähe eine Kneipe?

Ein paar nützliche Richtungsangaben:

Siga por esta calle = gehen sie dieser Straße nach
Gire a la izquierda/a la derecha = biegen Sie links/rechts ab
más adelante = weiter vorne
más atrás = weiter zurück
todo recto = geradeaus
más arriba/abajo = weiter oben/unten
enfrente de = gegenüber von
al lado de = neben
cerca de/lejos de = in der Nähe von/weit weg von

Die Namen einiger Läden und Betriebe:

el estanco = Tabakladen
la frutería = Obst- und Gemüseladen
los grandes almacenes = Kaufhaus
la heladería = Eisdiele
la joyería = Schmuckgeschäft
la papelería = Schreibwarenhandlung
la pastelería = Konditorei
la perfumería = Parfümerie
la tienda= Laden
la zapatería = Schuhladen

Weitere Begriffe rund ums Thema Stadt findest du im **Abschnitt EyE** am Ende des Buches.

EyE 19 **La ciudad**

DE COMPRAS
BEIM SHOPPING

Stefanie entdeckt (wie üblich) im letzten Augenblick etwas Hübsches in den Schaufenstern im **casco antiguo** (Altstadt) und beschließt, sich diesen interessanten Laden näher anzuschauen.
Einige nützliche Sätze für deinen Einkaufsbummel:

¿Dónde puedo comprar…?
Wo kann ich … kaufen?
¿Puedo probármelo?
Kann ich es anprobieren?
Es muy caro, ¿no tiene algo más barato?
Es ist zu teuer, haben Sie nicht etwas Günstigeres?
¿No tiene otros modelos?
Haben Sie keine anderen Modelle?
¿Aceptan tarjetas de crédito?

Akzeptieren Sie Kreditkarten?

Mit dem am Flughafen verschwundenen Koffer als Ausrede und der Kreditkarte in der Tasche möchte Stefanie kein Risiko eingehen und kauft **cada uno** dieser Kleidungsstücke. Eine Abbildung des Kassenbons ersparen wir dir. Damit du aber weißt, wovon wir reden, hier ihre Einkaufsliste:

ROPA = KLEIDUNG
el abrigo = Mantel
las botas* = Stiefel
la blusa = Bluse
la camiseta = T-Shirt
la camisa = Hemd
la chaqueta = Jacke
la falda = Rock
los pantalones = Hose
el vestido = Kleid
los vaqueros = Jeans
los zapatos* = Schuhe

***un par de zapatos/de botas** = ein Paar Schuhe/Stiefel

ROPA INTERIOR = UNTERWÄSCHE
las bragas = Damenslip
los calcetines = Socken
los calzoncillos = Herrenunterhose
las medias = Strumpfhose
el pijama = Schlafanzug
el sujetador = Büstenhalter

COMPLEMENTOS = ACCESSOIRES

la bufanda = Schal
el bolso = Tasche
la corbata = Krawatte
el cinturón = Gürtel
el gorro = Mütze
los guantes = Handschuhe
el sombrero = Hut

Mit einer gesalzenen Rechnung und der Umarmung eines Geistes verabschieden sich unsere Freunde. Auch wir verabschieden uns in der Hoffnung, dass dieser Kurs deine Leidenschaft fürs Spanische geweckt hat – eine Sprache, die nicht nur musikalisch, sondern auch wirklich nützlich ist.
Du hast jetzt 400 Millionen potentielle Gesprächspartner mehr als bisher!

¡Hasta la próxima!

EXTRA Y EXCEPCIONES

EXTRAS UND AUSNAHMEN

EyE 1 – Acentos
EyE 2 – Números
EyE 3 – Masculino y femenino
EyE 4 – Plural (excepciones)
EyE 5 – Estados de ánimo
EyE 6 – Nacionalidades
EyE 7 – La hora
EyE 8 – El clima
EyE 9 – Verbos
EyE 10 – Familia
EyE 11 – Partes de la cara
EyE 12 – Comida
EyE 13 – Superlativos
EyE 14 – Participios irregulares
EyE 15 – Pretérito indefinido. Verbos irregulares
EyE 16 – En la oficina
EyE 17 – Viajar
EyE 18 – Pagar
EyE 19 – La ciudad

12

EXTRAS UND AUSNAHMEN

EXTRA Y EXCEPCIONES

PASO UNO

EyE 1

ACENTOS
Akzente

Beim Setzen der Akzente im Spanischen ist es wichtig zu wissen, dass du anhand des Akzentes ein Wort, das du geschrieben siehst, richtig aussprechen kannst: Manchmal ändert sich sogar der Sinn eines Wortes, wenn man den Akzent verschiebt.

Vielleicht hilft dir dieses Beispiel:

esta = diese. Das Wort wird ohne Akzent geschrieben und auf dem "e" betont.

está = ist. Die Betonung liegt immer auf dem Buchstaben mit Akzent, hier also auf dem "a".

Weitere Wörter, die du nicht verwechseln solltest:

bebe = er/sie/es trinkt ⟶ **bebé** = Baby

papa = Papst ⟶ **papá** = Papa

Einige Wörter werden im Spanischen trotz unterschiedlicher Bedeutung gleich ausgesprochen. Deshalb unterscheidet man sie optisch durch einen Akzent. Hier sind einige, die besonders häufig vorkommen:

OHNE AKZENT	MIT AKZENT
el = der	**él** = er
de = von	**dé** = Konjunktiv Präsens, 1. und 3. Person Singular
mi = mein	**mí** = mir, mich
se = sich	**sé** = Verb **saber**, ich weiß
si = wenn	**sí** = ja; sich (nach Präpositionen)
te = dich	**té** = Tee
tu = dein	**tú** = du
aun = sogar	**aún** = (immer) noch

Für den Fall, dass du großen Wert auf die geschriebene Sprache legst, haben wir das Wichtigste für dich zusammengefasst. Einen Akzent bekommen:
- Wörter, die auf **N**, **S** oder einen Vokal enden und deren letzte Silbe betont wird: **París** (Paris), **posición** (Position), **café** (Kaffee);
- Wörter, die auf einen anderen Konsonanten als **N** oder **S** enden und deren zweitletzte Silbe betont wird: **cónsul** (Konsul), **López, carácter** (Charakter). Wenn dem S ein Konsonant vorangeht, ist ebenfalls ein Akzent erforderlich: **bíceps** (Bizeps), **cómics** (Comics);
- Wörter, die auf der dritt- oder viertletzten Silbe betont werden: **práctica** (Übung, Praxis), **próximo** (nächster), **jóvenes** (Jugendliche), **digámoselo** (sagen wir es ihm).

PASO DOS

EyE 2

NÚMEROS
Zahlen

Die Zahlen bis 20 kennst du ja bereits - alle weiteren sind ganz einfach. Du musst lediglich die vollen Zehner lernen und diese dann mit den Zahlen von 1 bis 9 kombinieren.

20 = **veinte**
21 = **veintiuno**
22 = **veintidós**
23 = **veintitrés**

und so weiter. Achtung: ab dreißig schreibt man die Zehner und die Einer getrennt und verbindet sie mit einem **Y**.

30 = **treinta**
31 = **treinta y uno**
32 = **treinta y dos**
33 = **treinta y tres**

und so weiter bis 39.

40 = **cuarenta**
50 = **cincuenta**
60 = **sesenta**

70 = **setenta**
80 = **ochenta**
90 = **noventa**
100 = **cien**
101 = **ciento uno**
200 = **doscientos**
300 = **trescientos**
1000 = **mil**
1101 = **mil ciento uno**
10 000 = **diez mil**
100 000 = **cien mil**
1 000 000 = **un millón**

Das Wort **cien** verwendet man nur für die Zahl 100 – die exakte Zahl also. Von 100 aufwärts, sagt man **ciento**: **ciento uno, ciento dos**, usw.

ORDNUNGSZAHLEN
primero = erste,r,s
segundo = zweite,r,s
tercero = dritte,r,s
cuarto = vierte,r,s
quinto = fünfte,r,s
sexto = sechste,r,s
séptimo = siebte,r,s
octavo = achte,r,s
noveno =neunte,r,s
décimo = zehnte,r,s
undécimo = elfte,r,s
duodécimo = zwölfte,r,s
decimotercero = dreizehnte,r,s
decimocuarto = vierzehnte,r,s
decimoquinto = fünfzehnte,r,s
decimosexto = sechzehnte,r,s
decimoséptimo = siebzehnte,r,s
decimoctavo = achtzehnte,r,s

decimonoveno = neunzehnte,r,s
vigésimo = zwanzigste,r,s
trigésimo = dreißigste,r,s
cuadragésimo = vierzigste,r,s
quincuagésimo = fünzigste,r,s
sexagésimo = sechzigste,r,s
septuagésimo = siebzigste,r,s
octogésimo = achtzigste,r,s
nonagésimo = neunzigste,r,s
centésimo = hundertste,r,s

MASCULINO Y FEMENINO
Männlich und weiblich

Erinnerst du dich an das, was wir über männliche und weibliche Substantive gesagt haben? In der Regel sind Substantive, die auf **O** enden, männlich und die, die auf **A** enden, weiblich. Vielleicht erinnerst du dich auch an die Ausnahmen, die wir bereits erwähnt haben. Hier findest du noch weitere.

- Substantive, die auf einen Konsonanten enden, sind

MÄNNLICH	ODER	WEIBLICH
el árbol = Baum		**la verdad** = Wahrheit
el turrón = Nugat		**la nariz** = Nase
el césped = Rasen		**la luz** = Licht

- Einige männliche Substantive, die auf **-EMA, -AMA oder -OMA** enden, folgen nicht der üblichen Regel (**O** männlich, **A** weiblich): **problema**, **sistema**, **programa, síntoma** u.s.w. Nicht unter diese Kategorie fällt **la crema**.

- Männlich sind in der Regel auch Substantive, die enden auf:
  -AJE: lenguaje (Sprache), **personaje** (Persönlichkeit) usw.;
  -OR: **humor** (Humor), **calor** (Wärme) u.s.w. Aber Achtung: **la flor** (die Blume) ist weiblich.

- Generell weiblich sind Substantive, die enden auf:
  -cia: gracia (Gnade), **paciencia** (Geduld);
  -ción: canción (Lied), **emoción** (Emotion);
  -dad: ciudad (Stadt), **nacionalidad** (Nationalität);
  -eza: pobreza (Armut), **pureza** (Reinheit);
  -sión: decisión (Entscheidung), **pasión** (Leidenschaft);
  -tad: amistad (Freundschaft), **dificultad** (Schwierigkeit);
  -tud: actitud (Haltung), **virtud** (Tugend);
  -umbre: cumbre (Gipfel), **certidumbre** (Gewissheit);
  -ura: ternura (Zärtlichkeit), **verdura** (Gemüse).

- Manche Wörter haben beide grammatikalischen Geschlechter und je nach Geschlecht eine andere Bedeutung, zum Beispiel: **acera** (Gehweg) und **acero** (Stahl), **libro** (Buch) und **libra** (Pfund).

Schließlich gibt es noch Substantive, die zwar beide grammatikalischen Geschlechter haben können, jedoch in der Form unverändert bleiben. Nur anhand des Artikels lässt sich das Geschlecht erkennen. Wir schauen uns ein paar dieser Substantive an:

MÄNNLICH	WEIBLICH
el calavera = zügelloser Mensch	**la calavera** = Totenkopf
el cometa = Komet	**la cometa** = Drachen
el corte = Schnitt	**la corte** = Hof
el frente = Vorderseite, Front	**la frente** = Stirn
el gallina =Feigling	**la gallina** = Huhn
el margen = Rand, Ufer	**la margen** = Ufer
el pendiente = Ohrring	**la pendiente** = Steigung/Abhang

EyE 4

PLURAL (EXCEPCIONES)
Plural (Ausnahmen)

Wie man den Plural normalerweise bildet, weißt du bereits. Damit es dir nicht langweilig wird, haben wir hier ein paar Ausnahmen für dich.

• Substantive, die auf **Á, É, Ó** enden, erhalten im Plural ein **S**:

papá ⟶ papás
mamá ⟶ mamás
bebé ⟶ bebés
chimpancé ⟶ chimpancés

• Substantive, die auf Í oder Ú enden, erhalten **S** oder **ES** (beide Formen sind korrekt):

israelí ⟶ israelís/israelíes
bambú ⟶ bambús/bambúes

• Substantive, die auf einen von einem **Y** gefolgten Vokal enden, erhalten im Plural die Endung **ES**:

buey ⟶ bueyes
rey ⟶ reyes.

¡OJO!

Diese Regel gilt nicht für Fremdwörter – bei diesen bildet man den Plural durch Anhängen von **IS**.

jersey ⟶ jerséis
espray ⟶ espráis

PASO TRES

EyE 5

ESTADOS DE ÁNIMO
Gemütszustände

alegre = fröhlich
asustado = erschrocken, verängstigt
celoso = eifersüchtig
envidioso= neidisch
estresado = gestresst

molesto = verärgert
nervioso = nervös
relajado = entspannt
sorprendido = überrascht
tranquilo = ruhig

ASPECTO FÍSICO
Das Aussehen

atractivo = attraktiv
encantador = reizend, bezaubernd
fuerte = stark
hermoso = wunderschön
obeso = fett(leibig)
robusto = robust
seductor = verführerisch

NACIONALIDADES
Nationalitäten

Australia ⟶ australiano/australiana
Bolivia ⟶ boliviano/boliviana
Brasil ⟶ brasileño/brasileña
Canadá ⟶ canadiense/canadiense
Chile ⟶ chileno/chilena
Colombia ⟶ colombiano/colombiana
Corea ⟶ coreano/coreana
Costa Rica ⟶ costarricense/costarricense
Cuba ⟶ cubano/cubana
Santo Domingo ⟶ dominicano/dominicana
Ecuador ⟶ ecuatoriano/ecuatoriana
Egipto ⟶ egipcio/ egipcia
Estados Unidos (USA) ⟶ estadounidense/estadounidense
Grecia ⟶ griego/griega
Guatemala ⟶ guatemalteco/guatemalteca

Holanda ⟶ holandés/holandesa
Inglaterra ⟶ inglés/inglesa
Irán ⟶ iraní/iraní
Irak ⟶ iraquí/iraquí
Irlanda ⟶ irlandés/irlandesa
Marruecos ⟶ marroquí/marroquí
Nicaragua ⟶ nicaragüense/nicaragüense
Paraguay ⟶ paraguayo/paraguaya
Polonia ⟶ polaco/polaca
Portugal ⟶ portugués/portuguesa
Suecia (Schweden) ⟶ sueco/sueca
Suiza (Schweiz) ⟶ suizo/suiza
Tailandia ⟶ tailandés/tailandesa
Venezuela ⟶ venezolano/venezolana

PASO CUATRO

EyE 7

LA HORA
Die Uhrzeit

Volle Stunden:

Son las cinco. = Es ist fünf Uhr.
Son las siete. = Es ist sieben Uhr.
Son las once. = Es ist elf Uhr

Volle Stunden und Minuten:

Son las siete y cuarto. = Es ist viertel nach sieben.
Son las siete menos cuarto. = Es ist viertel vor sieben.
Son las diez y veinte. = Es ist zehn Uhr zwanzig.
Son las diez menos veinte. = Es ist zwanzig vor zehn.
Son las once y diez. = Es ist elf Uhr zehn.
Son las once menos diez. = Es ist zehn vor elf.

¡OJO!

Die halbe Stunde wird nicht mit der Zahl **treinta** bezeichnet, sondern ausschließlich mit dem Ausdruck **y media** (halb):

Son las dos y media = Es ist halb drei.

Wie im Deutschen kannst du, wenn du möchtest, die Tageszeit näher spezifizieren - zum Beispiel so:

Es la una de la madrugada. = Es ist ein Uhr nachts.
Son las nueve de la noche. = Es ist neun Uhr abends.
Son las cinco de la tarde. = Es ist fünf Uhr nachmittags.

Noche bedeutet in diesem Fall abends. Spricht man von der Nacht, verwendet man nach Mitternacht das Wort **madrugada**.

EL CLIMA
Das Wetter

el sol = Sonne
la lluvia = Regen
la nieve = Schnee
el viento = Wind
la nube = Wolke
la niebla = Nebel
el granizo = Hagel
la aguanieve = Schneeregen
el hielo = Eis
la tormenta = Gewitter
el chaparrón = Regenguss
el trueno = Donner
el rayo = Blitz
el huracán = Orkan
el tornado = Tornado
la inundación = Überschwemmung

VERBOS
Verben

Hier eine kleine Liste mit den häufigsten regelmäßigen Verben.

abrir = öffnen
amarrar = festbinden
aprender = lernen
barrer = kehren
borrar = (aus)radieren
buscar = suchen
cambiar = ändern, sich (ver)ändern
caminar = gehen
cantar = singen
cocinar = kochen
comer = essen
comprar = kaufen
deber = müssen
decidir = entscheiden
enviar = schicken
escribir = schreiben
escuchar = zuhören
esperar = warten
estudiar = lernen, studieren
hablar = reden
limpiar = putzen
llegar = ankommen
llorar = weinen
mandar = befehlen, schicken
manejar = handhaben, leiten
mirar = (an)sehen, (an)schauen
nadar = schwimmen
necesitar = benötigen
pasear = spazieren gehen
recibir = bekommen
robar = rauben, stehlen
saltar = springen
subir = steigen, ansteigen
temer = (be)fürchten
tocar = berühren, (Instrument) spielen
trabajar = arbeiten
usar = verwenden, benutzen
viajar = reisen
visitar = besuchen, besichtigen
votar = abstimmen

Im Präsens werden sie so konjugiert:

	CANTAR	COMER	ABRIR
YO	cant**o**	com**o**	abr**o**
TÚ	cant**as**	com**es**	abr**es**
ÉL, ELLA, USTED	cant**a**	com**e**	abr**e**
NOSOTROS (AS)	cant**amos**	com**emos**	abr**imos**
VOSOTROS (AS)	cant**áis**	com**éis**	abr**ís**
ELLOS(AS), USTEDES	cant**an**	com**en**	abr**en**

- **Unregelmäßige Verben** (TOP 10)

	DAR GEBEN	**DECIR** SAGEN	**HACER** MACHEN	**IR** GEHEN
YO	doy	digo	hago	voy
TÚ	das	dices	haces	vas
ÉL, ELLA, USTED	da	dice	hace	va
NOSOTROS (AS)	damos	decimos	hacemos	vamos
VOSOTROS (AS)	dais	decís	hacéis	vais
ELLOS(AS), USTEDES	dan	dicen	hacen	van

	OÍR HÖREN	**PONER** STELLEN, LEGEN	**SABER** WISSEN
YO	oigo	pongo	sé
TÚ	oyes	pones	sabes
ÉL, ELLA, USTED	oye	pone	sabe
NOSOTROS (AS)	oímos	ponemos	sabemos
VOSOTROS (AS)	oís	ponéis	sabéis
ELLOS(AS), USTEDES	oyen	ponen	saben

	SALIR AUSGEHEN	**VENIR** KOMMEN	**TRAER** BRINGEN
YO	salgo	vengo	traigo
TÚ	sales	vienes	traes
ÉL, ELLA, USTED	sale	viene	trae
NOSOTROS (AS)	salimos	venimos	traemos
VOSOTROS (AS)	salís	venís	traéis
ELLOS(AS), USTEDES	salen	vienen	traen

Verben mit Vokalwechsel **O → UE**

	RECORDAR SICH ERIN-NERN	**VOLAR** FLIEGEN	**CONTAR** (ER)ZÄHLEN	**VOLVER** ZURÜCKKEH-REN
YO	recuerdo	vuelo	cuento	vuelvo
TÚ	recuerdas	vuelas	cuentas	vuelves
ÉL, ELLA, USTED	recuerda	vuela	cuenta	vuelve
NOSOTROS (AS)	recordamos	volamos	contamos	volvemos
VOSOTROS (AS)	recordáis	voláis	contáis	volvéis
ELLOS(AS), USTEDES	recuerdan	vuelan	cuentan	vuelven

	ENCONTRAR FINDEN	**MOVER** BEWEGEN	**ACOSTARSE** INS BETT GEHEN	**PROBAR** PROBIE-REN
YO	encuentro	muevo	me acuesto	pruebo
TÚ	encuentras	mueves	te acuestas	pruebas
ÉL, ELLA, USTED	encuentra	mueve	se acuesta	prueba
NOSOTROS (AS)	encontramos	movemos	nos acostamos	probamos
VOSOTROS (AS)	encontráis	movéis	os acostáis	probáis
ELLOS(AS), USTEDES	encuentran	mueven	se acuestan	prueban

Verben mit Vokalwechsel **E ⟶ IE**

	CERRAR SCHLIESSEN	**DESPERTAR** (AUF)WECKEN	**ENCENDER** ANZÜNDEN
YO	cierro	despierto	enciendo
TÚ	cierras	despiertas	enciendes
ÉL, ELLA, USTED	cierra	despierta	enciende
NOSOTROS (AS)	cerramos	despertamos	encendemos
VOSOTROS (AS)	cerráis	despertáis	encendéis
ELLOS(AS), USTEDES	cierran	despiertan	encienden

	NEGAR VERNEINEN	PERDER VERLIEREN	QUERER WOLLEN	TEMBLAR ZITTERN
YO	niego	pierdo	quiero	tiemblo
TÚ	niegas	pierdes	quieres	tiemblas
ÉL, ELLA, USTED	niega	pierde	quiere	tiembla
NOSOTROS (AS)	negamos	perdemos	queremos	temblamos
VOSOTROS (AS)	negáis	perdéis	queréis	tembláis
ELLOS(AS), USTEDES	niegan	pierden	quieren	tiemblan

PASO SEIS

EyE 10

FAMILIA
Die Familie

el bisabuelo – Urgroßvater
la bisabuela = Urgroßmutter
el cuñado = Schwager
la cuñada = Schwägerin
la hermanastra = Stiefschwester
el hermanastro = Stiefbruder
la hijastra = Stieftochter
el hijastro = Stiefsohn
la madrastra = Stiefmutter
la nuera = Schwiegertochter
el padrastro = Stiefvater
el suegro = Schwiegervater
la suegra = Schwiegermutter
el yerno = Schwiegersohn

EyE 11

PARTES DE LA CARA
Das Gesicht

la barbilla = Kinn
la boca = Mund
la cabeza = Kopf
la cara = Gesicht
las cejas = Augenbrauen
los dientes = Zähne
la frente = Stirn
los labios = Lippen
la mejilla = Wange
la nariz = Nase
el ojo = Auge
la oreja = Ohr
las pestañas = Wimper
el pelo = Haar
el párpado= Augenlid
las señas particulares = besondere Kennzeichen
las arrugas = Falten
la barba = Bart
el bigote = Schnurrbart
las pecas = Sommersprossen

PASO SIETE

EyE 12

COMIDA
Essen

el plato = Teller, Gericht
el vaso = Glas
el tenedor = Gabel
el cuchillo = Messer
la cuchara = Löffel
la cucharilla = Teelöffel

la servilleta = Serviette
la botella = Flasche
la lata = Dose
la taza = Tasse
la carne = Fleisch
el pescado = Fisch
los huevos = Eier
el queso = Käse
las verduras = Gemüse
las legumbres = Hülsenfrüchte
el arroz = Reis
la ensalada = Salat
el pan = Brot

PASO NUEVE

EyE 13

SUPERLATIVOS
Superlative

Endet ein Adjektiv auf einen Konsonanten, hängt man lediglich die entsprechende Endung an:

débil (schwach) ⟶ **debilísimo/a/os/as** (völlig schwach)
fácil (leicht) ⟶ **facilísimo/a/os/as** (kinderleicht)

Endet das Adjektiv auf einen Vokal, entfällt dieser, bevor die Endung angehängt wird:

barato (billig) ⟶ **baratísimo**

Aus den Silben **-co**, **-ca** wird **-quísimo** bzw. **-quísima**:

rico (reich) ⟶ **riquísimo**

EyE 14 PARTICIPIOS IRREGULARES

Unregelmäßige Partizipien

bedecken = **cubrir ⟶ cubierto**
zurückgeben = **devolver ⟶ devuelto**
auferlegen = **imponer ⟶ impuesto**
einwenden = **oponer ⟶ opuesto**
vorhersehen = **prever ⟶ previsto**
vorschlagen = **proponer ⟶ propuesto**
lösen = **resolver ⟶ resuelto**
befriedigen = **satisfacer ⟶ satisfecho**

EyE 15 PRETÉRITO INDEFINIDO. VERBOS IRREGULARES

	OÍR HÖREN	**PEDIR** BITTEN	**PESCAR** ANGELN	**PODER** KÖNNEN
YO	oí	pedí	pesqué	pude
TÚ	oíste	pediste	pescaste	pudiste
ÉL, ELLA, USTED	oyó	pidió	pescó	pudo
NOSOTROS (AS)	oímos	pedimos	pescamos	pudimos
VOSOTROS (AS)	oísteis	pedisteis	pescasteis	pudisteis
ELLOS(AS), USTEDES	oyeron	pidieron	pescaron	pudieron

	PONER STELLEN, LEGEN	**QUERER** WOLLEN	**SABER** WISSEN
YO	puse	quise	supe
TÚ	pusiste	quisiste	supiste
ÉL, ELLA, USTED	puso	quiso	supo
NOSOTROS (AS)	pusimos	quisimos	supimos
VOSOTROS (AS)	pusisteis	quisisteis	supisteis
ELLOS(AS), USTEDES	pusieron	quisieron	supieron

	AVERIGUAR ERMITTELN	**DAR** GEBEN	**DECIR** SAGEN	**DORMIR** SCHLAFEN
YO	averigüé	di	dije	dormí
TÚ	averiguaste	diste	dijiste	dormiste
ÉL, ELLA, USTED	averiguó	dio	dijo	durmió
NOSOTROS (AS)	averiguamos	dimos	dijimos	dormimos
VOSOTROS (AS)	averiguasteis	disteis	dijisteis	dormisteis
ELLOS(AS), USTEDES	averiguaron	dieron	dijeron	durmieron

	HABER HABEN (HILFSVERB)	**LANZAR** WERFEN	**LLEGAR** ANKOMMEN
YO	hube	lancé	llegué
TÚ	hubiste	lanzaste	llegaste
ÉL, ELLA, USTED	hubo	lanzó	llegó
NOSOTROS (AS)	hubimos	lanzamos	llegamos
VOSOTROS (AS)	hubisteis	lanzasteis	llegasteis
ELLOS(AS), USTEDES	hubieron	lanzaron	llegaron

	TRAER BRINGEN	**VER** SEHEN	**VENIR** KOMMEN
YO	traje	vi	vine
TÚ	trajiste	viste	viniste
ÉL, ELLA, USTED	trajo	vio	vino
NOSOTROS (AS)	trajimos	vimos	vinimos
VOSOTROS (AS)	trajisteis	visteis	vinisteis
ELLOS(AS), USTEDES	trajeron	vieron	vinieron

EyE 16 EN LA OFICINA
Im Büro

el director, la directora = Direktor, Direktorin
el director comercial = kaufmännischer Leiter
parado = arbeitslos
despedido = gekündigt
el jefe, la jefa = Chef(in)
el jubilado, la jubilada = Rentner(in)
el/la recepcionista = Rezeptionist(in)
el secretario, la secretaria = Sekretär, Sekretärin

PASO ONCE

EyE 17 VIAJAR
Reisen

la aduana = Zoll
el aeropuerto = Flughafen
el aparcamiento = Parkplatz
el billete = Fahrkarte
la estación de tren = Bahnhof
la estación de autobuses = Busbahnhof
el horario = Fahrplan
la ida = Hinfahrt
la llegada = Ankunft
el pasaporte = (Reise)pass
la salida = Abfahrt
el retraso = Verspätung
el visado = Visum
la vuelta = Rückfahrt

EyE 18 PAGAR
Bezahlen

los billetes = Banknoten
los céntimos = Cent
el efectivo = Bargeld
el euro/los euros = Euro
las monedas = Münzen
la vuelta = Restgeld
la propina = Trinkgeld
la tarjeta de crédito = Kreditkarte
el cajero automático = Bankomat

EyE 19 LA CIUDAD
Die Stadt

el castillo = Burg
la catedral = Kathedrale
el guía = Führer
el hostal = Gasthaus, Herberge
el hotel = Hotel
la habitación doble = Doppelzimmer
la habitación individual = Einzelzimmer
la iglesia = Kirche
el mapa = (Land)karte
el parque = Park

SOLUCIONES
LÖSUNGEN

LÖSUNGEN

SOLUCIONES

PASO DOS

ÜBUNG 1
Hallo, ich bin John, ich bin 22 Jahre alt und ein berühmter Sänger. Und wie heißt du?

ÜBUNG 2
1 Hola, soy Dolores, encantada de conocerte.
2 Buenos días, Dolores, yo me llamo Remedios.
3 ¡Oh! Hola Remedios, encantada.
4 Hasta mañana, Dolores.
5 ¡Hasta pronto!

ÜBUNG 5
profesora
reina
vecina
estudiante
mujer
señora

ÜBUNG 6
Hay dos chimpancés y dos plátanos en el árbol.

PASO TRES

ÜBUNG 7
1 ¿Qué día es hoy?
2 Es domingo, voy a correr.
3 ¿Cuándo?
4 Por la noche.

5 Estamos en invierno: ¿estás bien?
6 Regular

ÜBUNG 9

Lo siento, pero tú eres muy alto.
Lo siento, pero tú eres muy gordo.
Lo siento, pero tú eres muy viejo.
Lo siento, pero tú eres muy joven.
Lo siento, pero tú eres un loco.

ÜBUNG 10

1 Estoy muy triste de estar aquí.
2 Vuelvo a casa, es muy tarde.
3 Hay muchas chicas en este ascensor.
4 Me gusta mucho ir a la playa.
5 No tienes muchos amigos.
6 Gracias, eres muy amable.

ÜBUNG 12

1 Raquel es enfermera y es de Madrid.
2 Ahora Raquel está de vacaciones en Canadá.
3 Piedad es muy simpática, pero hoy está un poco triste.
4 Los niños están en casa y sus padres están muy cansados.
5 ¿De dónde son ustedes? De Andalucía.

PASO CUATRO

ÜBUNG 13

1 ¿Qué hora es, por favor?
2 Son las tres y hace viento.
3 Hace sol y son las cuatro y media.
4 Son las seis y cuarto y hace frío.
5 Es la una y hace mucho calor.

ÜBUNG 14

1 ¿Qué haces? ¿Por qué no damos una vuelta?
2 No. Hace frío.
3 No hacemos nunca nada. Me da rabia.
4 Hago un café.
5 Me da asco. Yo hago las maletas.
6 Da igual.

ÜBUNG 15

1 Sonia isst wie ihre Katze.
2 Sprichst du Spanisch? Ich verstehe nicht. Ich spreche nur Chinesisch.
3 Marcos und seine Eltern rennen ins Bad.
4 Meine Familie und ich leben auf dem Mond.
5 Ich spüle das Geschirr jeden Monat.

ÜBUNG 16

1 Yo amo a mi gato.
2 Mi gato lee libros de filosofía.
3 Mi gato y yo bebemos vino y cocinamos platos chinos.
4 Mis amigos comen con mi gato.
5 Nosotros bailamos mucho y discutimos poco.
6 Vosotros no habláis con mi gato.
7 Vosotros miráis y aplaudís.

ÜBUNG 17

1 Desayuno a las...
2 Voy al trabajo a las...
3 Practico deporte a las...
4 Ceno a las...
5 Me acuesto a las...

ÜBUNG 18

1 Esta es mi pulsera.
2 ¡Ese es mi novio!
3 Aquella es mi casa.
4 ¡Este vestido es mío!

PASO CINCO

ÜBUNG 19

1 Fragesatz: ¿Alicia baila en el baño todos los sábados?
Verneinter Satz: Alicia no baila en el baño todos los sábados.
2 Fragesatz: ¿Conchita vive en el coche de Paco?
Verneinter Satz: Conchita no vive en el coche de Paco.
3 Fragesatz: ¿El español es un idioma fácil?
Verneinter Satz: El español no es un idioma fácil.
4 Fragesatz: ¿John Peter Sloan sabe hablar español?
Verneinter Satz: John Peter Sloan no sabe hablar español.

ÜBUNG 20

1 Rosa ist betrunken und müde.
2 Der Arzt ist keine Lampe.
3 Rosa ist 93 Jahre alt, und der Arzt ist sehr einsam.
4 Rosa und der Arzt befinden sich in einer Klinik.
5 Rosa und der Artzt sind verliebt.
6 No, Rosa no es joven y no está loca.
7 No, el doctor no está borracho.
8 No, Rosa no es una lámpara.
9 No, el doctor no está enamorado de Rosa.
10 Sí, esta historia es tonta.

ÜBUNG 21

2 Hay dos piñas marrones entre Piedad y Remedios.
3 Hay cuatro plátanos amarillos encima de la mesa.
4 Hay siete sandías verdes detrás de John.
5 Hay tres fresas rojas debajo de la cama.

ÜBUNG 22

1 Si tú estás lejos, no hay nada…
2 El frigorífico está vacío, no hay nadie en la cama…
3 No hay pájaros, no hay flores, no hay palabras…
4 Solo hay lágrimas…

ÜBUNG 23

1 Camarero, ¡hay una mosca en mi sopa!
2 ¿Dónde está el conejo?
3 París está en Francia.
4 En Francia hay muchos franceses.
5 En mi cama no hay nadie.
6 Mi marido está en la calle.

ÜBUNG 24

1 A: ¡Hola!
2 G: Buenos días.
3 A: ¡Eres muy guapa! ¿Cómo te llamas?
4 G: Gertrude, soy alemana y estoy aburrida, ¿y tú?
5 A: Me llamo Alain Delon, soy viejo, feliz y francés.
6 G: ¡Anda! ¿Qué hora es, por favor?
7 A: ¡Hace sol!
8 G: ¡Pues bien! ¿Qué hora es, por favor?
9 A: Son las dos.
10 G: Gracias.
11 A: Eres/estás muy flaca. ¿Tienes hambre?
12 G: No, gracias, Alain, estoy solo aburrida.
13 A: Oh, Gertrude, yo estoy loco y borracho, pero te amo.
14 G: Eres muy romántico y guapo… pero eres francés. Lo siento.
15 A: Tú no estás borracha. ¡Bebe, bebe!
16 G: ¡Qué calor y qué viento! La noche es tan romántica… ¿Dónde está tu hermano?
17 A: Mis dos hermanos no están aquí porque están tristes y cansados.

18 G: Yo no estoy borracha y no soy estúpida, no soy alemana y no soy una mujer.
19 A: ¿Y qué eres?
20 G: Estoy solo aburrida.

PASO SEIS

ÜBUNG 25

1 Meine Schwester hat einen sehr schönen Bruder.
2 Mein Onkel und meine Tante haben einen sehr berühmten Neffen.
3 Meine Cousins haben einen Cousin, der ein Genie ist.
4 Meine Großmutter hat einen sehr jungen Enkel.
5 Meine Freundin Concy hat einen sehr englischen Freund.

ÜBUNG 27

1 Mis amigos están locos.
2 Sus calcetines están sucios.
3 Nuestros libros están abiertos.
4 Tus hijos son viejos.
5 Vuestras botellas están llenas.
6 Sus abuelos son insoportables.
7 Mi exnovia es celosa.
8 Mis nuevas novias no.

ÜBUNG 28

1 Ese perro tuyo no me gusta.
2 Ese perro no es mío.
3 ¿Y de quién es?
4 Es de Juan.
5 ¿Y quién es Juan?
6 Es un amigo nuestro.

ÜBUNG 29

1 Tengo miedo.
2 Tengo suerte.
3 Tengo prisa.
4 Tengo frío.
5 Tengo dolor de cabeza.

ÜBUNG 30

1 Tengo hambre, tengo sueño y estoy triste y solo.
2 Ellos tienen miedo y tienen ganas de gritar.
3 Tú tienes prisa y si corres, tienes dolor de espalda.
4 Nosotros tenemos dolor de muelas, pero no tenemos pelos en la lengua.
5 Tenéis razón, pero no tenéis suerte.
6 Ella tiene atractivo y tiene gripe.

ÜBUNG 31

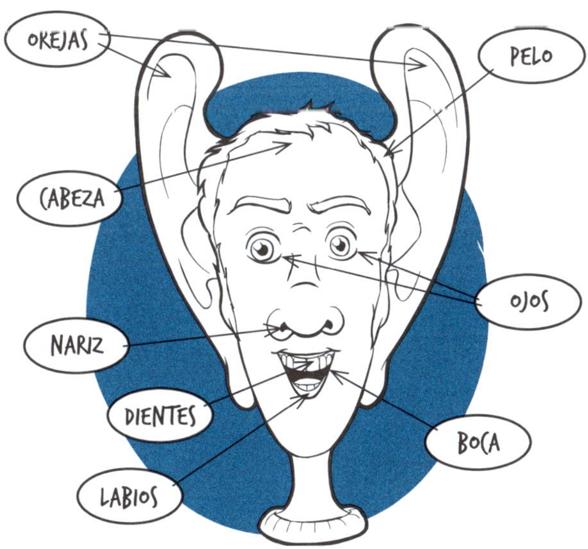

ÜBUNG 32

1 Yo estoy contento porque tengo un sombrero rojo.
2 Yo no tengo pelo.
3 Ellos tienen mucho trabajo y están felices.
4 ¿Tienes ganas de subir?
5 Él está triste porque no tiene dinero.
6 Ellos están enfadados porque no tienen las entradas para el concierto.
7 Ella tiene prisa porque su padre no tiene coche.
8 Tengo mucha suerte porque estoy contigo.

ÜBUNG 33

1 Tienen que hacer las maletas.
2 Tienen que hacer la compra.
3 Tienen que comprar un regalo.
4 Tienen que elegir la película.
5 Tienen que limpiar la casa.

ÜBUNG 34

A ¡Hey! Yo tengo dos cabras y dos vacas, ¿y tú?
C Yo tengo tres cerdos, cinco toros y un perro nuevo, ¿y qué?
M ¡Buuhh! Ellos tienen solo animales viejos. Yo tengo 13 pollos y 70 abejas.
J ¿En serio? Yo tengo 17 caballos blancos y un pequeño mono sin plátanos.
M ¡Hey! ¡No te olvides! Yo también tengo 40 camellos, incluida mi mujer.
A Sí, pero yo tengo una mujer y un cocodrilo; tienen la misma boca.
J Mis conejos negros son preciosos y mis ovejas son tan simpáticas...
A No, tú no tienes conejos negros ni ovejas simpáticas.
J ¿Por qué?
A Pregúntale a mi nuevo lobo.

PASO SIETE

ÜBUNG 35

1 Disculpe/Perdone, señor.
2 Disculpe/Perdone, ¿tiene hora?
3 Por favor/Perdona, ¿me pasas el pan?
4 Disculpa/Perdona/Lo siento, pero tengo que darle de comer al perro. Gracias por la invitación.

ÜBUNG 37

1 Estoy ya en casa. ¿Vienes a verme?
2 ¿Puedes venir aquí un momento, por favor?
3 Ahora estoy en China. El domingo voy a tu casa.
4 Ahora estoy en la playa. Vengo a la playa todos los domingos.
5 ¿Qué haces? ¿Vas con Marta o vienes conmigo?

ÜBUNG 38

1 Este es mi libro de español.
2 John estudia español de domingo a lunes.
3 Desde mi casa veo las montañas.
4 ¿Tienes el periódico de ayer?
5 Estoy en la cafetería desde las 6.

ÜBUNG 39

1 John, ¿llevas tú a los niños al colegio?
2 John, ¿me traes la falda que está en la sala?
3 Es mejor llevar el paraguas porque va a llover.
4 Camarero, ¿nos trae dos cafés, por favor?
5 Amor, ¿me llevas a la luna, por favor?

ÜBUNG 40

1 Marta, lo siento, pero no puedo ir, estoy enferma.
2 Tú sabes muchas cosas de informática, ¿verdad? ¿Me puedes ayudar?

3 ¡No podemos abrir la puerta a nadie!
4 ¿Sabes cómo se dice "können" en español?
5 ¿Sabes una cosa? ¡Puedes ir a la librería y comprar el libro de J.Peter Sloan!

ÜBUNG 41

1 Paso por Madrid para ir a Múnich.
2 Gracias por tu llamada.
3 Todos los días vamos a pasear por el parque.
4 Este ejercicio es para mañana.
5 El niño no duerme por la noche.
6 Voy a la playa para nadar.
7 Siempre nos comunicamos por e-mail.
8 Ese regalo es para ti.
9 Me voy de Londres por la lluvia.
10 Te compro tu teléfono por 100 euros.

PASO OCHO

ÜBUNG 42

1 Vivo en Múnich, pero soy de Birmingham.
Ich lebe in München, bin aber aus Birmingham.
2 Mi abuelo vive en Atenas con su novia. Está enamorado.
Mein Großvater lebt mit seiner Freundin in Athen. Er ist verliebt.
3 ¿Tú vives en Viena? Muchos amigos míos viven allí.
Lebst du in Wien? Viele meiner Freunde leben dort.
4 Nosotros vivimos en Berlín, ¿y tú dónde vives?
Wir leben in Berlin, und wo lebst du?
5 Vosotros vivís en Lisboa. ¿Sois felices?
Ihr lebt in Lissabon. Seid ihr glücklich?

ÜBUNG 43

1 Viene de los Estados Unidos.
2 Estoy en la cama con su amigo/novio.

3 Mis abuelos van al gimnasio todos los domingos.
4 Vivimos en el sexto piso.
5 Voy a la escuela con mi hijo.
6 ¿Vas al trabajo?
7 Pedro va hacia casa.
8 Vamos a la piscina porque tenemos calor.
9 Vengo del supermercado y voy a la cama.

ÜBUNG 44

1 Entre semana me levanto a las 7 de la mañana.
2 Nos vemos hacia las 4 (más o menos).
3 Los niños no van al colegio en verano.
4 Este fin de semana me levanto a mediodía.
5 Nos vemos dentro de dos días.
6 Me voy de vacaciones en diciembre.

ÜBUNG 45

1 Voy a París en taxi.
2 Estamos en diciembre y estoy en la cama.
3 Nos vemos dentro de dos semanas en el bar.
4 Vienen de la escuela en tren y van al supermercado en avión.
5 ¿Vamos en bicicleta a Pekín?
6 Vamos a tu casa en verano.
7 Voy hacia el centro a caballo. Nos vemos hacia las cuatro.
8 Estamos en Chile, pero esta semana vamos al cine en Argentina.
9 ¿Estás en la oficina o en el gimnasio?
10 Te espero en la cocina a las nueve de la noche.

ÜBUNG 46

1 ¿Qué estás haciendo?
2 Me estoy muriendo de calor, ¿y tú?
3 Yo estoy sudando, ¿y tú?
4 Pero, ¿me estás escuchando?

PASO NUEVE

ÜBUNG 47

1 ¿Hay alguien?
2 No, no hay nadie.
3 Disculpa, hay poca luz y veo poco.
4 Ningún problema. Yo veo bastante y no veo a nadie.
5 Mejor así. ¿Qué haces?
6 Nada. Estoy sentado.
7 Ya es algo.
8 ¿Y tú, de dónde vienes?
9 Del trabajo. Estoy muy cansado. Estoy trabajando demasiado.
10 Yo trabajo poco porque estoy muy cansado.

ÜBUNG 48

1 Mi abuela tiene una caries. Tiene que ir al dentista.
2 A mi madre le gustan los incendios y detesta a los bomberos.
3 Yo prefiero los libros, por eso soy escritor/escritora.
4 A mi hermano le gusta robar, por eso tiene un buen abogado.
5 A mi tío no le gusta mi hermano. Mi tío es policía.

ÜBUNG 49

1 Penélope Cruz es la actriz más famosa de España.
2 Yo no soy española y soy menos famosa que Penélope Cruz.
3 Soy menos rica que ella porque tengo menos dinero que ella.
4 Pero soy más simpática que ella.
5 Además, estoy menos estresada.
6 Penélope Cruz trabaja demasiado. Seguro que trabaja más que yo.
7 Yo no trabajo y soy la mujer más afortunada del mundo.

ÜBUNG 50

1 ¡Blanca! ¿Qué haces aquí?
2 ¿No lo ves? Estoy morenísima. En cambio, tú estás palidísima.

3 Estoy estresadísima. La playa, el sol... La vida aquí es durísima.
4 Sí. Son días durísimos. Los mariscos son estupidísimos.
5 Las vacaciones son aburridísimas. Nosotras, en cambio, somos inteligentísimas.

ÜBUNG 51

1 Últimamente no he hecho nada.
2 He estado en casa y he pensado.
3 No he salido mucho.
4 He hecho muchos viajes mentales y he estado bien.
5 Pero he roto muchos platos y he comido poco.

ÜBUNG 52

1 Ayer Harry Potter rompió las gafas y perdió el autobús.
2 Esta semana mi abuela se ha casado con un astronauta.
3 En 1999 se enamoraron y fueron a Lourdes.
4 Hace cinco años gané el premio Oscar y ofendí a Brad Pitt.
5 Hoy he visitado a mi abuela en su nueva casa. El viaje hasta el satélite ha sido muy largo.
6 El mes pasado estuvimos en China y comimos solo pizza
7 Fuisteis muy felices en 1956.

ÜBUNG 53

1 En 1912 yo no existía todavía, pero mi abuela estaba viva.
2 De pequeños, íbamos a la playa, pero siempre llovía.
3 Hace diez años él tenía más pelo y comía menos.
4 Disculpa, quería llamarte, pero no tenía tu teléfono.
5 En la Edad Media no había coches.

ÜBUNG 54

1 Ayer mi gato Óscar rompió las gafas y no me vio entrar.
2 La semana pasada perdí las llaves y entré por la ventana. Fue divertidísimo.

3 Este año he viajado mucho y no he tenido tiempo de trabajar.
4 a: ¿Has estado en Birmingham últimamente?
b: No, pero vivía allí cuando era pequeño.
5 Mi mono es famosísimo. En 1986 hizo una película con Brad Pitt y ganó el premio Óscar.
6 Mi tío era policía y en 1934 cenó con Al Capone.
7 Mi madre, en cambio, es ama de casa y hoy ha roto todos los platos.
8 Esta semana he estado ocupadísima.
9 El 22 de febrero de 2002 mi pez rojo durmió poco.
10 El lunes pasado fui a la escuela en taxi.
11 Mi abuelo iba a la escuela a caballo.
12 Disculpe, señor, ¿ha visto a mi mujer? La perdí antes de ayer y todavía no ha llamado.
13 En 1982 fui de Roma a Pekín a pie.
14 Anoche estuve en tu casa.
15 Paco hace tres meses me pidió un consejo. Yo hoy le he dado un conejo.
16 Ayer fui a la oficina, pero estaba cerrada por vacaciones.
17 Mi perro hace un año robó un coche.
18 Te esperé toda la vida en el taller, pero tú no eras un mecánico.
19 Penélope Cruz está estresadísima porque yo soy más famosa que ella.
20 Te he llamado cien veces esta mañana. ¿No has oído?

ÜBUNG 55

Nacionalidad/Idiomas/Experiencia profesional/Dirección/Fecha de nacimiento/Correo electrónico/Capacidades y aptitudes personales/Sexo/Educación y formación académica/Teléfono/Nombre/Permiso de conducir

ÜBUNG 56

Preferentemente con experiencia y conocimientos de idiomas. Se ofrece contrato de trabajo durante seis meses, prorrogable. Condiciones económicas excelentes. Horario solo de tarde. Interesados llamar al número de teléfono 956 07 43 08 para concertar una entrevista. Necesario presentar Currículum vitae y foto tamaño carnet.

PASO DIEZ

ÜBUNG 57

1 Dime... ¿Hay algo que te gusta hacer?
2 No sé... soy bastante perezosa. Me gusta estar sin hacer nada.
3 ¿No te gusta bailar, jugar al billar o tocar el arpa?
4 No, me gusta dormir y no hacer planes.
5 ¿Y jugar al tenis de mesa, dibujar o practicar esquí náutico?
6 No, no me gusta.
7 Pero entonces, ¿qué te gusta?
8 Me gustan las personas que no hacen preguntas. ¿Y a ti?

ÜBUNG 58

1 ¿Qué vas a hacer esta tarde?
2 Pienso ir a tocar el violín por la calle con Conchita.
3 En realidad, a Conchita le apetece venir a mi casa a jugar al ajedrez.
4 Y ahora, ¿qué pensáis hacer?
5 Vamos a comprar un tablero de ajedrez: la tienda está a punto de cerrar.

ÜBUNG 59

1 El año que viene a esta hora seré un cantante guapo, rico y famoso.
2 Cantaré muchos éxitos musicales y tendré muchas admiradoras.
3 Saldré con ellas y nos divertiremos un montón.
4 Por la mañana dormiré hasta tarde y no leeré el periódico.
5 Podré dedicarme a mis pasatiempos.
6 Mis admiradoras viajarán conmigo todo el año.

7 En verano beberemos piña colada en la playa y jugaremos a vóley-playa.
8 En invierno iremos a esquiar y montaremos a caballo.
9 Será estupendo, verás.

ÜBUNG 60

1 Me gustaría salir contigo de vez en cuando.
2 Sí, sería estupendo.
3 Podríamos ir al supermercado o al museo de cera.
4 Sí, nos divertiríamos un montón.
5 Tú mirarías a Liz Taylor y me besarías.
6 Y yo pensaría que no hay leche en casa.
7 Iríamos a casa y no tendríamos nada que hacer.
8 Luego saldríamos y veríamos que está para llover.
9 Yo tendría el paraguas y lo abriría.
10 Sería todo muy romántico.

WER IST JOHN PETER SLOAN?

John Peter Sloan wurde 1969 in Birmingham, England, geboren. Er ist ein sehr vielseitiger Künstler: ein brillianter Schauspieler, Autor, Rocksänger und Stand-up-Comedian. Mit 16 Jahren verließ er seine Heimat und reiste - begleitet von seiner Gitarre und seiner Stimme - durch Europa. 1990 landete er in Italien und gründete die Rockgruppe "The Max".

In dieser Band sang und spielte er bis zur Geburt seiner Tochter im Jahr 2000. Da brach er seine laufende Tournee ab - und widmete sich ab sofort dem Englischunterricht. Die Wörter "Normalität" und "Banalität" haben in Johns Wörterbuch keinen Platz. Er verfügt über einen ausgeprägten Sinn für Humor und sprengt damit die Maßstäbe des Sprachenlernens, wie es bisher praktiziert wurde.

John Peter Sloan ist der Autor von *Instant English*, das zum Bestseller in Italien, Frankreich, Deutschland und Spanien avanciert ist. Die Folgewerke *More Instant English, Instant Business English, Instant Grammar* rangieren ebenfalls oben auf den Verkaufslisten.

Grammatik und Komik gehen bei John Peter Sloan Hand in Hand. Der gemeinsame Nenner seiner Werke ist: das Unterrichten mit einem Lächeln. Die Überzeugung, mit der er dies macht, ist nicht unbeobachtet geblieben. Im Sommer 2014 wurde Johns erster Fantasy-Roman in Italien veröffentlicht. Wenn er nicht gerade auf der Bühne oder an seinem Computer beschäftigt ist, verbringt John seine Zeit in den Schulen Mailands und Roms oder in seiner neuen Restaurantkneipe Sloan Square "The Place to Be", die er 2014 in Mailand eröffnete.

Das große Lern- und Übungswerk

- Schlagen Sie schnell und zuverlässig alle Grammatikthemen nach.
- Festigen Sie Ihre Kenntnisse anhand zahlreicher Beispiele und Übungen.
- Wiederholen Sie das Gelernte in **120 Online-Übungen**.

ISBN: 978-3-12-562794-9
[D] 16,99 € **[A]** 17,50 €

Niveau A1 – C1

Für Anfänger, Fortgeschrittene und Profis.

www.pons.de